FATMANUR KILIC

Fatmanurs FABELHAFTE BACKWELT

Lieblingsrezepte von süß bis herzhaft

In diesem Buch findet ihr nicht nur meine Lieblingsklassiker mit einem Twist, super easy Kuchen und Gebäck für jeden Tag, sondern auch fancy Torten für besondere Anlässe und megaleckere Desserts. Brote & Brötchen sind natürlich auch dabei.

Willkommen
IN MEINER FABELHAFTEN BACKWELT!

Es freut mich riesig, dass ihr mein Buch in die Hand nehmt. Einige von euch kennen mich wahrscheinlich von meinen Kanälen auf Youtube, Instagram oder Tiktok, die ich unter »Kilic_Story« betreibe. Für alle anderen: Ich bin Fatmanur, gelernte Konditorin und seit 2020 regelmäßig mit Backvideos im Internet präsent.

Ich komme aus einer großen Familie. Meine Mama hat viel gekocht und gebacken und ich habe ihr immer gerne geholfen. Irgendwann fing ich an, selbst zu backen. Aus einem Hobby ist allmählich eine Leidenschaft geworden. Deshalb machte ich nach der Schule eine Lehre zur Konditorin. Auch wenn die Schichtarbeit in der Backstube teilweise wirklich hart war, habe ich diese fundierte Ausbildung nie bereut.

Nachdem ich geheiratet habe und Mutter geworden bin, musste ich umziehen und die Arbeit in der Backstube aufgeben. Trotzdem backe ich weiter jeden Tag – vor der Kamera und die Videos teile ich mit euch allen. Nie hätte ich gedacht, dass ich eines Tages so eine große Community haben werde, die mich so liebevoll unterstützt und meine Rezepte feiert.

Umso glücklicher und stolzer bin ich, dass ich meine besten Rezepte nun in einem Buch veröffentlichen darf.

Viel Spaß beim Schmökern, Nachbacken und Genießen!

Eure Fatmanur

Ich bin Fatmanur
UND ICH LIEBE BACKEN!

Mein Heimatort, meine Familie:
Ich bin in Böblingen geboren und mit vier Geschwistern aufgewachsen. Seit einigen Jahren lebe ich mit meiner Familie in Waldbröl in NRW.

Mein allererster Kuchen:
Erdbeerkuchen

Ich backe am liebsten:
einfache, klassische Rührkuchen

Das esse ich nicht so gerne:
extrem schokoladige Sachen

Das mache ich neben Backen gerne:
alles mögliche Handwerkliche

Meine Träume für die Zukunft:
Zwei sind ja schon in Erfüllung gegangen – mein Onlineshop und dieses Buch. Gerne würde ich meine Reichweite auch noch für Hilfsorganisationen nutzen.

Mein Lieblingsurlaubsziel:
Türkei

Da möchte ich unbedingt mal hin:
New York und Miami

Mein sehnlichster Wunsch:
Frieden und eine Welt ohne Rassismus

How the Kilic-Story begins

Wie kamst du auf die Idee mit den Instagram- und Tiktok-Kanälen?

Das war reiner Zufall. Ich wollte zuerst eigentlich nur Videos für meine Familie und Freunde drehen, weil sie mich öfter nach Rezepten gefragt haben. Eines Tages habe ich aus Versehen ein Video auf Tiktok gepostet und das Video ist viral gegangen (die Wickeltorte).

Innerhalb kurzer Zeit hast du ziemlich viele Followers gewonnen. Was ist dein Erfolgsrezept?

Ich glaube, weil meine Rezepte wirklich gut funktionieren. Ich teste sie ja mehrmals, bis sie perfekt sind. Und dadurch, dass ich gelernte Konditorin bin, kenne ich viele Profi-Tricks, die vielleicht nicht alle wissen. Und mir ist sehr wichtig, dass ich authentisch und bodenständig bleibe. Vor der Kamera bin ich die gleiche Fatmanur wie hinter der Kamera. Ich zeige ungeschönt meinen Alltag und teile mit allen auch meine schlechten Momente, etwa wenn ich gestresst bin oder mir beim Backen auch mal etwas nicht gelingt.

Hast du früher schon Erfahrungen vor der Kamera gesammelt?

Nein, überhaupt nicht! Ich war immer sehr schüchtern. Dazu hatte ich einen starken schwäbischen Dialekt. Alle, die mich von früher kennen, können kaum glauben, dass ich jetzt sogar im Fernsehen auftrete.

Wie hast du deine Schüchternheit überwunden?

Ich habe sehr viel an mir gearbeitet. Zuerst wollte ich, dass man in den Videos nur meine Hände sieht. Aber diese Videos wurden so oft geklaut! Deshalb habe ich irgendwann auch mein Gesicht gezeigt und gesprochen. Sehr viel habe ich auch meinem Mann zu verdanken. Er hat mich stets unterstützt und ermutigt.

Basics &
GRUNDREZEPTE

Bevor wir loslegen mit Kuchen, Keksen & Co. gibt es hier einen schnellen Überblick, welche Zutaten Backfans für alle Fälle im Vorratsschrank haben sollten und welches Equipment beim Backen sinnvoll ist. Natürlich dürfen Rezepte für die wichtigsten Grundteige und Cremes nicht fehlen.

Was ich immer PARAT HABE

Mehl

Für Kuchen und Gebäck verwende ich meistens Weizenmehl (Type 405 oder 550). Sehr gerne nehme ich auch Dinkelmehl (Type 630).

Fette

Butter, Öle und Margarine bringen Geschmack und Saftigkeit.

Triebmittel

Backpulver macht Rührkuchen und Biskuits schön luftig. Beim Hefegebäck ist dafür natürlich die Hefe zuständig. Es gibt sie frisch in Würfelform oder als Trockenhefe.

Eier

sorgen für Bindung und Luftigkeit in Teigen.

Süßungsmittel

Ich süße meine Backwerke klassisch mit Zucker. Man kann aber auch zu alternativen Mitteln greifen, wie Honig, Agavensirup oder Kokosblütenzucker.

Schokolade, Kuvertüre …

… und Kakaopulver dürfen für spontane Kuchen im Vorratsschrank nie fehlen.

Aromen

Ich bin ein großer Fan von Vanillepaste und aromatisiere meine Kuchen gerne damit. Zitronenschale verleiht Gebäck eine frische Note. Zimt, Kardamom und Co. sind vor allem in der Weihnachtsbäckerei beliebt.

Obst

Mit Früchten schmecken Kuchen & Co. superlecker und sehen zudem unwiderstehlich aus.

Meine Lieblings-UTENSILIEN

Drehplatte
Sie ist zum Füllen und gleichmäßigen Glattstreichen von Torten sehr praktisch.

Formen
Es gibt sie in allen Größen und Farben. Mit Springform, Muffinform und Backblech seid ihr für den Anfang gut ausgestattet.

Nudelholz
zum Ausrollen von Mürbe- und Hefeteig

Handrührgerät oder Küchenmaschine

Ein absolutes Must-have – es sei denn, ihr möchtet eure Armmuskeln trainieren.

Teigkarte & Spritzbeutel

Ungemein praktisch zum Glattstreichen und Dekorieren von Torten.

Rührschüssel, Schneebesen & Teigschaber

Backen ohne Rühren geht natürlich nicht. Am besten unterschiedich große Schüsseln anschaffen.

Waage

Genaues Abwiegen ist beim Backen das A und O.

Tortenring, Backrahmen, Dessertringe

Sehr praktisch für Torten, Schnitten und Cremedesserts

MÜRBETEIG

Für 1 Springform (26 cm Ø)
Zubereitungszeit: 20 Min.
Kühlen: 30 Min.

175 g weiche Butter
100 g Zucker
Salz
1 Ei (M)
300 g Mehl

1 Die Butter mit Zucker und 1 Prise Salz in einer Rührschüssel mit den Rührbesen des Handrührgeräts cremig rühren. Das Ei unterschlagen.

2 Mehl hinzufügen und alles mit den Händen oder den Knethaken des Handrührgeräts zu einem Teig verkneten.

3 Den Teig im Kühlschrank ca. 30 Min. ruhen lassen. Anschließend ausrollen und nach Belieben einen Kuchenboden oder Kekse daraus herstellen.

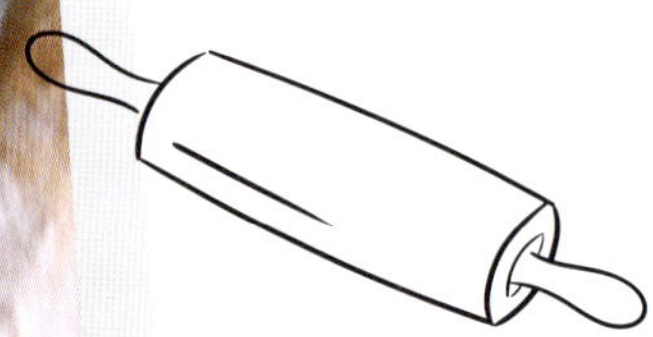

HEFETEIG

Für 900 g Teig
Zubereitungszeit: 25 Min.
Ruhen: 15 Min. + 1 Std.

500 g Mehl
75 g Zucker
Salz
250 ml Milch
20 g frische Hefe (½ Würfel)
75 g weiche Butter
1 Ei (M)

1 Mehl, Zucker und 1 Prise Salz in einer großen Schüssel mischen und in die Mitte eine Mulde drücken.

2 Die Milch lauwarm erhitzen. Hefe und 5 EL Milch in die Mulde geben und verrühren. Die Zutaten abgedeckt ca. 15 Min. ruhen lassen.

3 Die Butter, das Ei und die restliche lauwarme Milch hinzufügen und alles miteinander verkneten. Den Teig abgedeckt 45 Min.–1 Std. gehen lassen.

4 Den Hefeteig auf der mit Mehl bestäubten Arbeitsfläche kurz durchkneten und als Boden für Blechkuchen oder zu gefülltem Hefegebäck verarbeiten.

RÜHRTEIG

Für 1 Kastenform (30 cm) oder 1 Springform (26 cm Ø)
Zubereitungszeit: 30 Min.

250 g weiche Butter
180 g Zucker
5 Eier (M)
200 g Mehl
1 geh. TL Backpulver
50 g Speisestärke
Butter für die Form

1 Butter und Zucker mit den Rührbesen des Handrührgeräts cremig rühren. Die Eier nacheinander unterschlagen.

2 Das Mehl mit Backpulver und Speisestärke in einer Schüssel mischen und kurz unter die Butter-Eier-Masse rühren. Den Backofen auf 180° vorheizen.

3 Den Teig in die gefettete Springform geben, glatt streichen und im Ofen (Mitte) in 30–35 Min. goldbraun backen (5–10 Min. vorher eine Stäbchenprobe machen).

4 Den Rührkuchen zu einer Torte weiterverarbeiten. Alternativ Obst (z. B. Äpfel, Kirschen, Aprikosen) unter den Teig mischen und mitbacken.

BISKUIT

Für 1 Springform (26 cm Ø)
Zubereitungszeit: 30 Min.

5 Eier (M)
210 g Zucker
225 g Mehl
2 ½ TL Backpulver

1 Eier und Zucker mit den Rührbesen des Handrührgeräts hellschaumig aufschlagen – das dauert mind. 6 Min.

2 Den Backofen auf 170° vorheizen. Den Boden der Form mit Backpapier belegen.

3 Das Mehl mit dem Backpulver in einer Schüssel mischen. Die Mehlmischung nach und nach mit einem Teigschaber unter die Schaummasse heben.

4 Den Biskuit in die Form füllen, glatt streichen und im Ofen (Mitte) in 25–30 Min. goldbraun backen.

5 Den Biskuit in der Form abkühlen lassen.

VANILLEBUTTERCREME

Für 1 Torte (Füllung und Überzug) oder 20 Cupcakes
Zubereitungszeit: 20 Min.
Kühlen: 30 Min.

700 ml Milch
60 g Zucker
1 ½ Pck. Vanillepudding-pulver
500 g weiche Butter

1 Aus Milch, Zucker und Puddingpulver nach Packungsanweisung einen Pudding kochen.

2 Den Pudding in eine Schüssel füllen und auf die Oberfläche Frischhaltefolie legen, damit sich keine Haut bildet. Den Pudding auf Zimmertemperatur abkühlen lassen.

3 Die Butter in einer Rührschüssel mit den Rührbesen des Handrührgeräts hellcremig aufschlagen. Den Pudding nach und nach gründlich unterrühren.

4 Die Vanillebuttercreme zimmerwarm verarbeiten – zum Füllen und Bestreichen einer Torte oder in einen Spritzbeutel gefüllt zum Verzieren von Cupcakes.

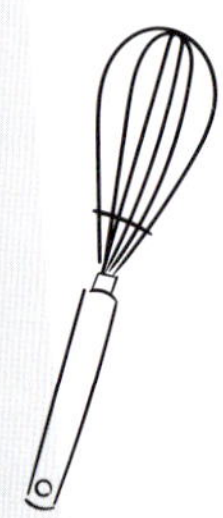

ZITRONENBUTTERCREME

Für 1 Torte (Füllung und Überzug) oder 20 Cupcakes
Zubereitungszeit: 20 Min.
Kühlen: 30 Min.

5 Zitronen
110 g Zucker
4 EL Speisestärke
700 ml Milch
1 ½ Pck. Vanillepuddingpulver
500 g weiche Butter
1 TL Zitronenaroma

1 Den Saft der Zitronen auspressen. Zitronensaft, 50 g Zucker und Speisestärke in einem Topf verrühren und aufkochen lassen.

2 Auf die Zitronenmasse Frischhaltefolie legen, damit sich keine Haut bildet. Die Creme abkühlen lassen.

3 Aus Milch, restlichem Zucker (60 g) und Puddingpulver nach Packungsanweisung einen Pudding kochen. In eine Schüssel füllen und auf die Oberfläche Frischhaltefolie legen, damit sich keine Haut bildet. Den Pudding auf Zimmertemperatur abkühlen lassen.

4 Die Butter und das Zitronenaroma mit den Rührbesen des Handrührgeräts hellcremig aufschlagen. Den Pudding gründlich unterrühren und die Zitronencreme nach und nach unterschlagen. Die Creme zimmerwarm verarbeiten.

ERDBEERBUTTERCREME

Für 1 Torte (Füllung und Überzug) oder 20 Cupcakes
Zubereitungszeit: 30 Min.
Kühlen: 30 Min.

700 g frische oder TK-Erdbeeren
60 g Zucker
50 g Speisestärke
500 g weiche Butter

1 Die Erdbeeren waschen und putzen, TK-Erdbeeren auftauen lassen. Die Erdbeeren mit dem Zucker in einem Rührbecher mit dem Stabmixer pürieren. Das Erdbeerpüree in einem Topf zum Kochen bringen.

2 Die Speisestärke mit ca. 2 EL Wasser glatt verrühren und zum Erdbeerpüree geben. Die Masse unter ständigem Rühren 1–2 Min. köcheln lassen, bis sie eindickt.

3 Den Erdbeerpudding in eine Schüssel füllen und auf die Oberfläche Frischhaltefolie legen, damit sich keine Haut bildet. Den Pudding abkühlen lassen.

4 Die Butter mit den Rührbesen des Handrührgeräts hellcremig aufschlagen. Den Erdbeerpudding nach und nach gründlich unterrühren.
Die Erdbeerbuttercreme zimmerwarm verarbeiten.

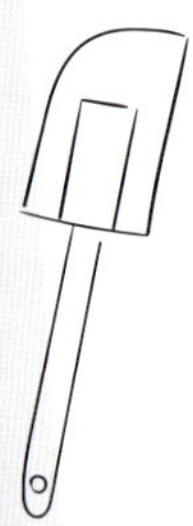

SCHOKOBUTTERCREME

Für 1 Torte (Füllung und Überzug) oder 20 Cupcakes
Zubereitungszeit: 20 Min.
Kühlen: 30 Min.

700 ml Milch
60 g Zucker
2 Pck. Schokopuddingpulver
100 g Zartbitterkuvertüre
500 g weiche Butter

1 Aus Milch, Zucker und Puddingpulver nach Packungsanweisung einen Pudding kochen.

2 Den Pudding in eine Schüssel füllen und auf die Oberfläche Frischhaltefolie legen, damit sich keine Haut bildet. Den Schokopudding abkühlen lassen.

3 Die Butter mit den Rührbesen des Handrührgeräts Handmixer hellcremig aufschlagen. Den Schokopudding nach und nach gründlich unterrühren. Zum Schluss die lauwarme Kuvertüre nach und nach unterrühren.
Die Schokobuttercreme zimmerwarm verarbeiten.

Klassiker À LA FATMANUR

Liebt ihr klassische Kuchen und Torten auch so sehr wie ich? Nichts geht über ein Stück saftigen Zitronenkuchen oder fluffigen Hefezopf. Ich versuche aber immer, den Klassikern einen kleinen Twist zu geben, ob geschmacklich, optisch oder bei der Zubereitung. Klassisch, aber erfrischend.

SAFTIGER ZITRONENKUCHEN

vom BLECH

Für 20 Stücke
Zubereitungszeit: 30 Min.
Backen: 30 Min.

FÜR DEN TEIG
250 g weiche Butter
150 g Zucker
4 Eier (M; Zimmertemperatur)
2 Bio-Zitronen
250 g Mehl
1 Pck. Backpulver
gelbe Lebensmittelfarbe (nach Belieben)

FÜR DEN GUSS
250 g Puderzucker
9 EL Zitronensaft

AUSSERDEM
1 Bio-Zitrone
Backrahmen (20 × 20 cm; ersatzweise Brownieform)

Hier geht's zur Video-Anleitung!

1 Butter und Zucker in einer Schüssel cremig rühren. Die Eier nacheinander unterrühren.

2 Die Zitronen heiß waschen und trocken tupfen, die Schale abreiben und den Saft auspressen.

3 Das Mehl mit dem Backpulver mischen und zügig mit Zitronenschale und -saft unterrühren. Nicht zu lange rühren, es soll alles gerade so vermischt sein. Nach Belieben ein paar Tropfen Lebensmittelfarbe für eine kräftigere Farbe dazugeben.

4 Den Backofen auf 180° vorheizen. Ein Backblech mit Backpapier belegen und den Backrahmen daraufsetzen oder eine Brownieform mit Backpapier auslegen.

5 Den Teig in den Backrahmen füllen und glatt streichen. Den Zitronenkuchen im Ofen (Mitte) in 25–30 Min. goldbraun backen. Den Kuchen herausnehmen und in der Form auskühlen lassen.

6 Für den Guss den Puderzucker nach und nach mit etwas Zitronensaft glatt verrühren. Der Guss sollte nicht zu flüssig werden, also eventuell nicht die gesamte angegebene Zitronensaftmenge verwenden. Die Zitrone heiß waschen, in Scheiben schneiden und vierteln.

7 Den Guss auf den Kuchen streichen und mit den Zitronenvierteln dekorieren.

FLUFFIGE AMERIKANER

mit HEIDELBEEREN

Für 18 Stück
Zubereitungszeit: 30 Min.
Backen: 10 Min.

FÜR DEN TEIG

1 Bio-Zitrone
250 g Mehl
3 gestr. TL Backpulver
Salz
40 g Speisestärke
120 g weiche Butter
200 g Zucker
2 Eier (M; Zimmertemperatur)
70 ml Milch
2 EL Sahne

FÜR DEN GUSS

125 g Puderzucker
5 EL Zitronensaft

AUSSERDEM

100 g Heidelbeeren

1 Für den Teig die Zitrone heiß waschen und trocken tupfen, die Schale abreiben und den Saft auspressen. Die Heidelbeeren waschen und in einem Sieb abtropfen lassen. Den Backofen auf 180° vorheizen.

2 Das Mehl mit Backpulver, 1 Prise Salz und Speisestärke mischen. Die Milch mit der Sahne verrühren. Die Butter und den Zucker mit den Rührbesen des Handrührgeräts cremig schlagen. Die Eier einzeln unterrühren. Die Mehl- und die Milchmischung abwechselnd unterrühren. Dann Zitronensaft, -schale und Heidelbeeren unterheben.

3 Den Teig mit einem Esslöffel in ca. 18 Häufchen auf zwei mit Backpapier belegte Backbleche geben und zu Kreisen von ca. 5 cm Ø formen. Die Amerikaner nacheinander im Ofen (Mitte) in 8–10 Min. goldgelb backen. Herausnehmen und auf einem Kuchengitter auskühlen lassen.

4 Inzwischen für den Guss den Puderzucker mit dem Zitronensaft glatt verrühren und die Mischung auf die Amerikaner streichen.

CREMIGER KÄSEKUCHEN

nach KLASSISCHER ART

Für 12 Stücke
Zubereitungszeit: 30 Min.
Backen: 45 Min.

FÜR DEN MÜRBETEIG

75 g weiche Butter
75 g Zucker
1 Pck. Vanillezucker
1 Ei (M)
170 g Mehl
½ TL Backpulver

FÜR DIE FÜLLUNG

½ Bio-Zitrone
500 g Speisequark
2 Eigelb (M)
100 g Zucker
35 g Speisestärke
2 Eiweiß (M)
200 g Sahne

AUSSERDEM

Springform (26 cm Ø)
Butter für die Form

Hier geht's zur Video-Anleitung!

1 Die Springform mit Butter einfetten. Für den Mürbeteig alle Zutaten in einer Schüssel glatt verkneten. Zwei Drittel des Teigs in der Springform gleichmäßig zu einem Boden drücken. Den restlichen Teig zu einem ca. 7 cm hohen Rand formen. Den Boden mit einer Gabel mehrmals einstechen. Die Form kalt stellen.

2 Für die Füllung die Zitrone heiß waschen, trocken tupfen und die Schale abreiben. In einer Schüssel Quark, Zitronenschale, Eigelbe, Zucker und Speisestärke glatt verrühren. Den Backofen auf 160° vorheizen.

3 Die Eiweiße mit den Rührbesen des Handrührgeräts steif schlagen. Die Sahne mit den Rührbesen des Handrührgeräts ebenfalls steif schlagen.

4 Den Eischnee und die Sahne unter die Quarkmasse heben. Die Quarkfüllung auf den Boden in der Springform verstreichen. Den Kuchen im Ofen (Mitte) in ca. 45 Min. goldbraun backen. Den Käsekuchen herausnehmen und in der Form auskühlen lassen.

Fatmanurs Tipp

Käsekuchen kann im Kühlschrank 2–3 Tage aufbewahrt werden. Am besten verpackt man ihn luftdicht, damit er im Kühlschrank keine anderen Aromen annimmt.

RHABARBER-CHEESECAKE

mit STREUSELN

Für 12 Stücke
Zubereitungszeit: 40 Min.
Backen: 20 Min. + 40 Min.

FÜR TEIG UND STREUSEL

150 g weiche Butter
100 g Zucker
300 g Mehl
½ TL Backpulver
1 Eigelb (M)

FÜR DEN BELAG

350 g Rhabarber
600 g Doppelrahmfrischkäse
50 g Sahne
1 Ei (M)
1 Eiweiß (M)
1 TL Vanillepaste
80 g Zucker

AUSSERDEM

Puderzucker zum Bestäuben
Springform (26 cm Ø)
Butter und Mehl für die Form

1 Die Springform mit Butter einfetten und mit Mehl bestäuben. Den Backofen auf 190° vorheizen.

2 Für den Teig und die Streusel alle Zutaten in einer Schüssel miteinander verkneten. Zwei Drittel des Teigs in der Springform gleichmäßig auf den Boden drücken und dabei einen 3–4 cm hohen Rand formen. Den Boden im Ofen (Mitte) 20 Min. backen. Herausnehmen und in der Form etwas abkühlen lassen.

3 Inzwischen für den Belag den Rhabarber waschen, putzen und in 1–1½ cm breite Stücke schneiden. Die restlichen Zutaten glatt verrühren. Die Creme auf den Boden geben und den Rhabarber darauf verteilen. Den übrigen Teig als Streusel daraufstreuen. Den Kuchen im Ofen (Miite) in ca. 40 Min. goldbraun backen.

4 Den Kuchen herausnehmen und in der Form auskühlen lassen. Vor dem Servieren mit Puderzucker bestäuben.

MAULWURFKUCHEN

mit ERDBEEREN

Für 12 Stücke
Zubereitungszeit: 40 Min.
Backen: 45 Min.
Kühlen: 1 Std.

FÜR DEN TEIG

125 g weiche Butter
120 g Zucker
3 Eier (M)
150 g Mehl
3 TL Backpulver
5 EL Milch

FÜR DIE FÜLLUNG

500 g Erdbeeren
600 g Sahne
4 EL Zucker
2 Pck. Sahnefestiger
1 TL Vanillepaste

AUSSERDEM

Springform (26 cm Ø)
Butter für die Form

1 Die Springform mit etwas Butter einfetten. Den Backofen auf 190° vorheizen.

2 Für den Teig Butter und Zucker mit den Rührbesen des Handrührgeräts schaumig rühren. Die Eier nacheinander gründlich unterschlagen. Mehl mit Backpulver mischen und abwechselnd mit der Milch in die Butter-Eier-Masse rühren. Den Teig in die Springform füllen und im Ofen (Mitte) in 25–30 Min. goldbraun backen. Den Kuchen herausnehmen und in der Form auskühlen lassen.

3 Für die Füllung die Erdbeeren waschen, putzen und trocken tupfen. Den Boden aushöhlen, dabei einen kleinen Rand stehen lassen. Die Krümel beiseitestellen.

4 Die Sahne mit Zucker, Sahnefestiger und Vanillepaste steif schlagen. Eine dünne Schicht Sahne auf den Boden streichen. Die Erdbeeren darauf verteilen.

5 Die restliche Sahne kuppelförmig auf die Erdbeeren streichen. Die Krümel fein zerreiben und auf der Sahnekuppel verteilen, dabei leicht andrücken. Die Torte vor dem Servieren mindestens 1 Std. kalt stellen.

Fatmanurs Tipp

Wer Zeit hat, bereitet den Kuchen schon am Vorabend zu. Dann kann er über Nacht durchziehen und wird richtig schön saftig und aromatisch.

HERZ-ROULADE

mit HIMBEEREN

Für 10 Stücke
Zubereitungszeit: 40 Min.
Backen: 8 Min.
Kühlen: 30 Min.

FÜR DEN BISKUIT

5 Eier (M)
100 g Zucker
1 TL Vanillepaste
75 g Mehl
30 g Speisestärke
1 Msp. Backpulver

FÜR DIE CREMEFÜLLUNG

200 g Mascarpone
160 g Sahne
40 g Puderzucker
1 TL Vanillepaste
1 Pck. Sahnefestiger

AUSSERDEM

rote Lebensmittelfarbe
Zucker zum Bestreuen
250 g frische Himbeeren
Puderzucker zum Bestäuben

Hier geht's zur Video-Anleitung!

1 Für den Biskuit den Backofen auf 200° vorheizen. Eier, Zucker und Vanillepaste mit den Rührbesen des Handrührgeräts weißschaumig schlagen. Mehl, Speisestärke und Backpulver mischen, mit einem Teigschaber unterheben.

2 3–4 EL Biskuitmasse in einer Schüssel mit etwas roter Lebensmittelfarbe verrühren und in einen Gefrierbeutel füllen. Eine kleine Ecke abschneiden und die rote Masse in Form von kleinen Herzen auf ein mit Backpapier belegtes Backblech spritzen. Die Herzen im Ofen (Mitte) 1–2 Min. anbacken (es bildet sich einen Haut an der Oberfläche).

3 Das Blech herausnehmen, die Biskuitmasse vorsichtig auf dem Backpapier mit den Herzen verstreichen und im Ofen (Mitte) in ca. 6 Min. goldgelb backen.

4 Ein Küchentuch leicht mit Wasser anfeuchten und etwas Zucker daraufstreuen. Den Biskuit auf das Tuch stürzen und das Backpapier vorsichtig abziehen. Den Biskuit mithilfe des Backblechs oder eines großen Schneidebretts umdrehen und wieder auf das Küchentuch legen. Dann die Platte mitsamt dem Küchentuch aufrollen und auskühlen lassen.

5 Für die Cremefüllung alle Zutaten in einer Schüssel mit den Rührbesen des Handrührgeräts steif aufschlagen. Die Himbeeren verlesen und halbieren.

6 Den Biskuit aufrollen, mit der Creme bestreichen und die Himbeeren darauf verteilen. Den Biskuit mithilfe des Küchentuchs aufrollen und auf eine Platte legen. Die Herz-Roulade mindestens 30 Min. kühl stellen. Vor dem Servieren dünn mit Puderzucker bestäuben.

KÄSESAHNE-SCHNITTEN

mit MANDARINEN

Für 8 Stücke
Zubereitungszeit: 50 Min.
Backen: 20 Min.
Kühlen: 2 Std.

FÜR DEN BISKUIT

4 Eier (M)
150 g Zucker
1 Pck. Vanillezucker
70 g Mehl
70 g Speisestärke
4 TL Backpulver

FÜR DIE FÜLLUNG

500 g Sahne
60 g Zucker
1 ½ Pck. Sahnefestiger
1 Dose Mandarinen (175 g Abtropfgewicht)
400 g Speisequark

AUSSERDEM

Puderzucker zum Bestäuben
Backrahmen (25 × 25 cm)
Spritzbeutel mit Sterntülle

Hier geht's zur Video-Anleitung!

1 Für den Biskuit den Backrahmen auf ein mit Backpapier belegtes Backblech stellen. Den Backofen auf 180° vorheizen. Eier, Zucker und Vanillezucker mit den Rührbesen des Handrührgeräts auf höchster Stufe weißschaumig schlagen. Mehl, Stärke und Backpulver mischen und nach und nach unter die Eimasse heben.

2 Den Teig in den Backrahmen füllen und im Ofen (Mitte) in ca. 20 Min. goldbraun backen. Den Biskuit herausnehmen und auskühlen lassen.

3 Dann aus dem Backrahmen lösen und quer halbieren. Die untere Hälfte im Backrahmen auf eine Platte setzen. Die obere Hälfte in acht rechteckige Stücke schneiden.

4 Inzwischen für die Füllung die Sahne mit Zucker und Sahnefestiger steif schlagen. Die Mandarinen in ein Sieb gießen und dabei den Saft auffangen.

5 Den Quark mit 4 EL Mandarinensaft glatt rühren. 3–4 EL Sahne in einen Spritzbeutel mit Sterntülle füllen. Die restliche Sahne unter den Quark heben.

6 Die Hälfte der Quarkcreme auf dem Biskuit im Backrahmen verstreichen. 8 Mandarinenfilets für die Deko beiseitelegen, die restlichen auf der Creme verteilen. Die übrige Quarkcreme darauf verstreichen und mit den Biskuitstücken bedecken.

7 Die Oberfläche mit Puderzucker bestäuben. Die Sahne in Rosetten daraufspritzen und die Mandarinenfilets dazwischen- oder darauflegen.

8 Die Käsesahne-Schnitten mindestens 2 Std. im Kühlschrank ruhen lassen. Kurz vor dem Servieren den Backrahmen entfernen und den Kuchen entlang der Biskuitstücke durchschneiden.

SCHOKOKUCHEN

mit CREMIGER GANACHE

Für 8 Stücke
Zubereitungszeit: 30 Min.
Backen: 30 Min.

FÜR DEN TEIG

150 g Zartbitterkuvertüre
250 g Butter
2 EL Mehl
3 EL Kakaopulver
1 TL Backpulver
5 Eier (M)
100 g Zucker

FÜR DIE GANACHE

100 g Zartbitterkuvertüre
100 g Sahne

AUSSERDEM

Springform (26 cm Ø)
Butter für die Form

Hier geht's zur Video-Anleitung!

1 Für den Teig die Kuvertüre grob hacken und mit der Butter in einem Topf bei schwacher Hitze schmelzen lassen (sie darf nicht zu heiß werden). Den Backofen auf 180° vorheizen. Den Boden der Springform mit Backpapier auslegen, den Rand mit Butter einfetten.

2 Mehl, Kakao und Backpulver mischen. Die Eier mit dem Zucker weißschaumig schlagen. Die Kuvertüre-Butter-Mischung unterrühren. Die Mehlmischung zügig unterrühren.

3 Den Teig in die Form füllen, glatt streichen und im Ofen (Mitte) ca. 30 Min. backen. Kurz vor Ende der Backzeit eine Stäbchenprobe machen: Bleibt an einem Holzstäbchen, das man in die Mitte des Kuchens sticht, beim Herausziehen kein Teig mehr kleben, ist der Kuchen fertig.

4 Den Kuchen in der Form auskühlen lassen. Den Kuchen auf eine Platte stürzen, das Backpapier abziehen und den Springformrand um den Kuchen stellen.

5 Für die Ganache die Kuvertüre klein hacken. Die Sahne in einem Topf kurz aufkochen und vom Herd nehmen. Die Kuvertüre darin unter Rühren schmelzen lassen.

6 Die Ganache auf den Kuchen gießen und den Springformrand entfernen. Den Schokokuchen sofort servieren.

ZARTE WINDBEUTEL

mit VANILLECREME

Für 12 Stück
Zubereitungszeit: 1 Std.
Backen: 30 Min.

FÜR DIE FÜLLUNG

½ Pck. Vanillepudding-pulver
250 ml Milch
3 EL Zucker
400 g Erdbeeren
200 g Sahne
1 Pck. Sahnefestiger

FÜR DEN BRANDTEIG

50 g Butter
½ EL Zucker
Salz
150 g Mehl
4 Eier (M)

AUSSERDEM

Puderzucker zum Bestäuben
Spritzbeutel mit Sterntülle

Hier geht's zur Video-Anleitung!

1 Für die Füllung nach Packungsanweisung aus Puddingpulver, Milch und Zucker einen Pudding kochen. Den Pudding mit Frischhaltefolie bedeckt abkühlen lassen (so bekommt er keine Haut).

2 Für den Brandteig 250 ml Wasser in einem Topf erhitzen. Butter, Zucker und 1 Prise Salz dazugeben und alles aufkochen lassen. Das Mehl auf einmal dazugeben und mit einem Kochlöffel zu einem Kloß verrühren. Die Masse 3–4 Min. in dem Topf hin- und herwenden. Dabei bildet sich am Boden ein weißlicher Belag. Den Teig in einer Schüssel in 5–7 Min. lauwarm abkühlen lassen.

3 1 Ei mit dem Kochlöffel unterrühren, bis es sich mit dem Teig verbindet (kann etwas dauern). Dann die übrigen Eier nacheinander unterrühren, sodass ein fester, aber geschmeidiger Teig entsteht.

4 Den Backofen auf 220° vorheizen. Den Teig in einen Spritzbeutel mit Sterntülle füllen und damit Kreise (8 cm Ø) auf ein mit Backpapier belegtes Backblech spritzen. Den Teig dabei nur in einer Ebene, nicht in mehreren Schichten übereinanderspritzen. Die Windbeutel im Ofen (Mitte) in 25–30 Min. goldbraun backen. Die Windbeutel herausnehmen und auf einem Kuchengitter abkühlen lassen.

5 Inzwischen die Erdbeeren waschen und putzen. 5 Beeren in einem hohen Rührbecher mit dem Stabmixer pürieren. Die restlichen Erdbeeren vierteln.

6 Die Sahne mit dem Sahnefestiger steif schlagen und unter den Pudding heben. Die Vanillecreme in einen Spritzbeutel mit Sterntülle füllen und kalt stellen.

7 Kurz vor dem Servieren die Windbeutel quer halbieren und die Creme auf die unteren Hälften spritzen. Die Erdbeeren und das Erdbeerpüree darauf verteilen. Die Füllung mit den oberen Hälften bedecken. Die Windbeutel mit Puderzucker bestäuben und sofort servieren.

LUFTIGER HEFEZOPF

mit ZITRONENGUSS

Für 25 Stücke
Zubereitungszeit: 20 Min.
Ruhen: 1 Std. 45 Min.
Backen: 20 Min.

FÜR DEN HEFETEIG

250 ml Milch
20 g frische Hefe (½ Würfel)
75 g Zucker
500 g Mehl (+ Mehl zum Arbeiten)
1 Ei (M)
Salz
75 g weiche Butter

FÜR DEN GUSS

80 g Puderzucker
3 EL Zitronensaft

AUSSERDEM

1 Ei (M) zum Bestreichen
80 g gehackte Haselnüsse (ersatzweise Mandelstifte oder -blättchen)

1 Für den Hefeteig die Milch lauwarm erhitzen und die Hälfte davon in einer Schüssel mit der Hefe verrühren. Die restliche Milch und den Zucker dazugeben.

2 Mehl, Ei, 1 Prise Salz und Butter hinzufügen und alles ausgiebig zu einem glatten, weichen, aber nicht allzu klebrigen Teig verkneten. Falls nötig, noch etwas Mehl hinzufügen. Den Teig zugedeckt an einem warmen Ort 1 Std. 30 Min. gehen lassen.

3 Den Teig durchkneten, dritteln und jede Portion auf der mit Mehl bestäubten Arbeitsfläche zu einer Kugel formen. Die Kugeln zu gleich langen Strängen rollen. Die Stränge zu einem Zopf flechten und auf ein mit Backpapier belegtes Backblech legen. Den Hefezopf zugedeckt ca. 15 Min. gehen lassen.

4 Den Backofen auf 200° vorheizen. Das Ei verrühren und den Zopf damit bestreichen. Den Zopf im Ofen (Mitte) in ca. 20 Min. goldbraun backen. Herausnehmen und auf einem Kuchengitter abkühlen lassen.

5 Für den Guss auf Puderzucker mit dem Zitronensaft nach und nach glatt verrühren. Den Guss auf den Hefezopf streichen und mit den Haselnüssen bestreuen.

Hier geht's zur Video-Anleitung!

Fatmanurs Tipp

Den Hefezopf kann man gut tiefkühlen. Vor dem Servieren 20 Min. bei Zimmertemperatur antauen lassen, dann im 200° heißen Backofen ca. 15 Min. backen.

ROBERT
HERDER
ROSTFREI

SPRITZBEUTEL GANZ EASY

Step 1 Aus einem Bogen Backpapier oder Pergamentpapier ein Dreieck beliebiger Größe schneiden.

Step 2 Das Dreieck mit dem Daumen einer Hand in der Mitte der langen Seite fassen, mit der anderen Hand die obere Dreiecksspitze nach unten führen und einrollen, sodass eine Tüte entsteht.

Step 3 Die untere Dreiecksspitze um die entstandene Tüte rollen und zur Öffnung nach oben ziehen. Die beiden Dreiecksspitzen sollten nebeneinander liegen und die Tüte unten geschlossen sein.

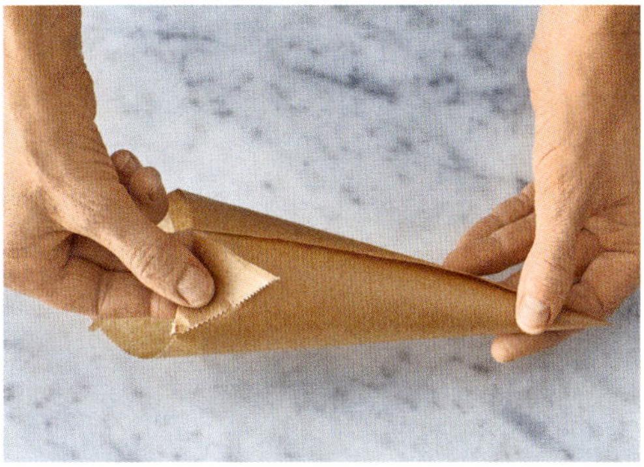

Step 4 Die beiden Dreiecksspitzen oben umknicken (eine nach innen, die andere nach außen), so sind sie fixiert und die Tüte ist stabil.

Mit dem selbst gefalteten Beutel könnt ihr wunderbar Teilchen, Kekse, Kuchen und Torten verzieren und natürlich auch beschriften.

Step 5 Puderzuckerguss (oder geschmolzene Kuvertüre) in die Spritztüte geben. Die Tüte durch mehrmaliges Falten verschließen, überstehende Ecken dabei nach vorne umknicken.

Step 6 Ein kleines Stück (Größe nach gewünschter Linienstärke) von der Tütenspitze abschneiden. Das Gebäck mit dem Guss verzieren, dabei einen leichten Druck auf den Inhalt ausüben.

STREUSELTALER

mit JOHANNISBEEREN

Für 8 Stück
Zubereitungszeit: 40 Min.
Ruhen: 45 Min. + 15 Min.
Backen: 20 Min.

FÜR DEN HEFETEIG

20 g frische Hefe (½ Würfel)
180 ml lauwarme Milch
50 g Zucker
390 g Mehl
1 Ei (M)
30 g weiche Butter

FÜR DEN BELAG

180 g Mehl
80 g Zucker
130 g weiche Butter
230 g Johannisbeeren (frisch oder TK)

FÜR DEN GUSS

100 g Puderzucker
3–4 EL Zitronsaft

1 Für den Hefeteig die Hefe mit Milch und Zucker verrühren. Mehl, Ei und Butter in einer Schüssel mit der Hefemilch zu einem glatten Teig verkneten. Den Teig zugedeckt an einem warmen Ort ca. 45 Min. gehen lassen.

2 Den Teig durchkneten, zu einer Rolle formen und in acht Stücke schneiden. Die Stücke auf ein mit Backpapier belegtes Backblech legen, flach drücken und zugedeckt ca. 15 Min gehen lassen.

3 Den Backofen auf 180° vorheizen. Für den Belag Mehl, Zucker und Butter mit den Fingerspitzen zu lockeren Krümeln verkneten.

4 Die frischen Johannisbeeren waschen, trocken tupfen und von den Rispen streifen. Die frischen oder gefrorenen Johannisbeeren auf den Teigfladen verteilen. Die Streusel daraufgeben und die Streuseltaler im Ofen (Mitte) in 15–20 Min. goldbraun backen.

5 Die Streuseltaler auf einem Kuchengitter auskühlen lassen. Für den Guss den Puderzucker mit dem Zitronensaft glatt rühren und auf die Streuseltaler streichen oder in feinen Linien daraufspritzen.

Hier geht's zur Video-Anleitung!

Fatmanurs Tipp

Es müssen nicht immer Johannisbeeren sein. Jedes andere Obst passt genauso gut, etwa Himbeeren, Heidelbeeren, Aprikosen oder Äpfel.

OFEN-KRAPFEN

mit ERDBEERFÜLLUNG

Für 12 Stück
Zubereitungszeit: 30 Min.
Backen: 13 Min.
Ruhen: 1 Std. + 1 Std.

FÜR DEN HEFETEIG

20 g frische Hefe (½ Würfel)
60 g Zucker
1 Pck. Vanillezucker
250 ml lauwarme Milch
1 Ei (M)
Salz
75 g Butter
500 g Mehl (+ Mehl zum Arbeiten)

AUSSERDEM

3 EL Butter
300 g Erdbeerkonfitüre
Puderzucker zum Bestäuben
Stabmixer
Spritzbeutel mit Lochtülle

Hier geht's zur Video-Anleitung!

1 Für den Hefeteig die Milch lauwarm erhitzen. Die Butter in einem Topf schmelzen lassen. Die Hefe in eine Schüssel bröseln, Zucker, Vanillezucker und Milch dazugeben und alles verrühren. Ei, 1 Prise Salz, die Butter und das Mehl hinzufügen. Alle Zutaten zu einem weichen, aber nicht allzu klebrigen Teig verkneten. Den Teig zugedeckt an einem warmen Ort 1 Std. gehen lassen.

2 Den Teig auf der mit Mehl bestäubten Arbeitsfläche zu einer Rolle formen und diese in zwölf Stücke schneiden. Aus den Teigstücken glatte Kugeln formen, auf ein mit Backpapier belegtes Backblech legen und zugedeckt an einem warmen Ort 1 Std. gehen lassen.

3 Den Backofen auf 200° vorheizen. Die Butter in einem kleinen Topf bei schwacher Hitze schmelzen lassen. Die Teigkugeln mit etwas Butter bestreichen und im Ofen (Mitte) in ca. 13 Min. goldbraun backen.

4 Die Krapfen herausnehmen, mit der restlichen Butter bestreichen und auf einem Kuchengitter abkühlen lassen.

5 Die Konfitüre in einem hohen Rührbecher mit dem Pürierstab fein mixen und in einen Spritzbeutel mit Lochtülle füllen. Mit einem Kochlöffelstiel in jeden Krapfen ein Loch drücken und die Konfitüre hineindrücken (nicht zuviel, sonst läuft es wieder heraus).

6 Die Krapfen mit Puderzucker bestäuben und servieren.

Hier geht's zur Video-Anleitung!

DINKEL-QUARK-BRÖTCHEN

mit SCHOKODROPS

Für 10 Stück
Zubereitungszeit: 20 Min.
Ruhen: 1 Std. + 30 Min.
Backen: 15 Min.

FÜR DEN TEIG

20 g frische Hefe (½ Würfel)
80 g Zucker
200 g Speisequark
600 g Dinkelmehl (Type 630)
1 TL Salz
50 g weiche Butter
100 g Schokodrops

AUSSERDEM

1 Eigelb (M)
1 Spritzer Milch

1 Für den Teig in einer Schüssel die Hefe und den Zucker mit 150 ml lauwarmem Wasser verrühren. Den Quark unterrühren.

2 Das Mehl mit dem Salz in einer großen Schüssel mischen. Hefe-Quark-Mischung mit der Butter dazugeben und alles zu einem glatten Teig verkneten. Den Teig zugedeckt an einem warmen Ort ca. 1 Std. gehen lassen.

3 Die Schokodrops unterkneten und den Teig zu einer dicken Rolle formen. Die Rolle in zehn Stücke schneiden, diese zu Kugeln formen und auf einem mit Backpapier belegten Backblech verteilen. Die Teiglinge zugedeckt ca. 30 Min. gehen lassen.

4 Den Backofen auf 190° vorheizen. Das Eigelb mit der Milch verquirlen und die Schokobrötchen damit bestreichen. Die Brötchen im Ofen (Mitte) in ca. 15 Min. goldbraun backen. Herausnehmen und auf einem Kuchengitter auskühlen lassen.

Fatmanurs Tipp

Die Brötchen eignen sich super zum Tiefkühlen. Vor dem Servieren bei Zimmertemperatur ca. 20 Min. antauen lassen, dann im 190° heißen Backofen ca. 15 Min. backen.

Easy peasy &
MEGALECKER

Ihr habt keine Lust stundenlang in der Küche zu stehen, möchtet aber gerne was richtig Leckeres zaubern? Dann probiert die super einfachen Rezepte in diesem Kapitel – sie gehen ruckzuck. Außerdem braucht ihr nur wenige Zutaten und manchmal nicht mal einen Backofen.

APRIKOSENKUCHEN

ohne BACKEN

Für 12 Stücke
Zubereitungszeit: 30 Min.
Kühlen: 2 Std.

FÜR DEN BODEN
90 g Butter
200 g Butterkekse

FÜR DIE VANILLECREME
380 ml Milch
75 g Zucker
2 TL Vanillepaste
1 Pck. Vanillepuddingpulver
250 g Schmand

FÜR DEN BELAG
1 kleine Dose Aprikosen
(240 g Abtropfgewicht)
250 g Himbeeren
1 Pck. klarer Tortenguss

AUSSERDEM
Springform (26 cm Ø)

1 Für den Boden die Butter in einem Topf schmelzen lassen. Die Kekse in einen Gefrierbeutel geben, mit einem Topfboden zerstoßen und mit der Butter mischen. Die Krümelmasse gleichmäßig in der Springform verteilen und andrücken.

2 Für die Vanillecreme aus Milch, Zucker, Vanillepaste und Puddingpulver nach Packungsanweisung einen Pudding kochen. Den Topf vom Herd nehmen und den Schmand in den Pudding rühren. Die Vanillecreme in die Form geben und glatt streichen.

3 Die Aprikosen in ein Sieb gießen, den Saft dabei auffangen. Die Aprikosenhälften vierteln. Die Himbeeren verlesen. Aprikosen und Himbeeren auf der Creme verteilen (sie muss dafür nicht komplett abgekühlt sein).

4 Den Tortenguss mit Aprikosenflüssigkeit und Wasser nach Packungsanweisung kochen und auf den Früchten verteilen. Den Aprikosenkuchen ca. 2 Std. kühl stellen.

Fatmanurs Tipp

Den Keksboden drückt man am besten mit der Unterseite eines Glases in der Form an. So wird er gleichmäßig dick und eben.

ERDBEERSCHNITTEN

mit SCHMANDCREME

Für 12 Stücke
Zubereitungszeit: 35 Min.
Backen: 15 Min.
Kühlen: 1 Std.

FÜR DEN BISKUIT

3 Eier (M)
150 g Zucker
1 Pck. Vanillezucker
100 g Mehl
1 TL Backpulver

FÜR DEN BELAG

700 g Erdbeeren
400 g Sahne
350 g Schmand
2 EL Zucker
2 Pck. Sahnefestiger

AUSSERDEM

Backrahmen (25 × 30 cm)
Spritzbeutel mit Sterntülle

1 Den Backrahmen auf ein mit Backpapier belegtes Backblech stellen. Den Backofen auf 180° vorheizen.

2 Für den Biskuit Eier, Zucker und Vanillezucker weißschaumig schlagen. Mehl mit Backpulver mischen und mit einem Teigschaber unter die Schaummasse heben. Die Biskuitmasse in die Form füllen, glatt streichen und im Ofen (Mitte) in ca. 15 Min. goldbraun backen. Herausnehmen und in der Form auskühlen lassen.

3 Für den Belag die Erdbeeren waschen, putzen, ein paar halbieren oder vierteln und für die Deko beiseitelegen, den Rest in kleine Stücke schneiden.

4 Die übrigen Zutaten mit den Rührbesen des Handrührgeräts steif schlagen. (Die Masse wird nicht ganz so fest wie Sahne und es dauert auch deutlich länger – also nicht aufgeben.) Die Hälfte der Schmandcreme mit den Erdbeeren mischen, die übrige Creme in einen Spritzbeutel füllen.

5 Den Rand des Biskuits mit einem Messer lösen, den Backrahmen aber noch nicht abheben. Die Schmandcreme mit den Erdbeeren auf dem Biskuit verteilen. Die restliche Creme mit dem Spritzbeutel aufspritzen. Die Torte mindestens 1 Std. kühl stellen.

6 Vor dem Servieren in Stücke schneiden und mit den übrigen Erdbeeren garnieren.

Hier geht's zur Video-Anleitung!

PFIRSICH-TARTE

mit MANDELN

Für 8 Stücke
Zubereitungszeit: 30 Min.
Backen: 45 Min.
Kühlen: 1 Std. 30 Min.

FÜR DEN BODEN

160 g Mehl (+ Mehl zum Arbeiten)
2 EL Zucker
Salz
2 TL Zitronensaft
100 g kalte Butter

FÜR DEN BELAG

5 feste, reife Pfirsiche
3 EL Zucker
1 EL Speisestärke
2 EL gemahlene Mandeln
3 EL Sahne
100 g Mandelblättchen

1 Für den Boden Mehl, Zucker und 1 Prise Salz auf der Arbeitsfläche mischen und in der Mitte eine Mulde formen. Den Zitronensaft und 60 ml kaltes Wasser in die Mulde geben, die Butter in Stückchen am Rand verteilen. Alles mit einem großen Messer durchhacken, anschließend mit den Händen rasch zu einem Teig verkneten.

2 Den Teig leicht flach drücken und in Frischhaltefolie gewickelt im Kühlschrank 1 Std. 30 Min. ruhen lassen.

3 Für den Belag die Pfirsiche waschen, halbieren und die Kerne entfernen. Die Hälfte in 3–4 mm dicke Scheiben schneiden und in einer Schüssel mit Zucker und Speisestärke mischen. Den Backofen auf 200° vorheizen.

4 Den Teig auf einem Bogen Backpapier ca. 5 mm dick zu einem Kreis ausrollen, auf ein Backblech ziehen und mit den gemahlenen Mandeln bestreuen. Die Pfirsiche dachziegelartig darauflegen, dabei einen 3 cm breiten Rand frei lassen.

5 Den Rand über die Pfirsiche einschlagen, mit Sahne bestreichen und mit den Mandelblättchen bestreuen. Die Tarte im Ofen (Mitte) in ca. 45 Min. goldbraun backen. Falls sie zu früh dunkel wird, mit Backpapier abdecken.

OREO-KUCHEN

mit DREI ZUTATEN

Für 6 Stücke
Zubereitungszeit: 20 Min.
Backen: 35 Min.

FÜR DEN »TEIG«

150 g Oreo-Kekse
1 TL Backpulver
250 ml Milch

FÜR DIE GANACHE

100 g Zartbitterkuvertüre
100 g Sahne

AUSSERDEM

Springform (18 cm Ø)

1 Die Springform mit Backpapier auslegen. Den Backofen auf 180° vorheizen.

2 Für den »Teig« die Doppelkekse aufklappen und die Creme mit einem Messer abschaben. 2 Kekshälften für die Deko beiseitelegen. Die übrigen Kekse in einem Gefrierbeutel mit einem Topfboden fein zerstoßen. Die Brösel mit Backpulver und Milch verrühren. Die abgeschabte Creme ebenfalls untermischen. Die Oreo-Masse in der Form verteilen und die Oberfläche glatt streichen. Den Kuchen im Ofen (Mitte) ca. 35 Min. backen.

3 Den Kuchen herausnehmen und in der Form auskühlen lassen. Dann aus der Form lösen.

4 Mit zwei weiteren Zutaten kann man noch eine Ganache für den Kuchen zubereiten: Dafür die Kuvertüre hacken. Die Sahne in einem Topf erhitzen, vom Herd nehmen und die Kuvertüre unter gelegentlichem Rühren darin schmelzen lassen. Die Ganache ca. 5 Min. abkühlen lassen, dann auf den Kuchen gießen und verstreichen.

5 Die übrigen Oreo-Kekshälften grob zerkrümeln und auf den Rand des Kuchens streuen.

Fatmanurs Tipp

Der Oreo-Kuchen kann auch mit Früchten getoppt werden. Einfach vor dem Servieren kleine oder halbierte Erdbeeren, Himbeeren oder Heidelbeeren auf die Ganache streuen.

CAPPUCCINO-TORTE

mit HASELNÜSSEN

Für 12 Stücke
Zubereitungszeit: 40 Min.
Backen: 30 Min.
Kühlen: 1 Std.

FÜR DEN BISKUIT
4 Eier (M)
150 g Zucker
150 g gemahlene Haselnüsse
50 g Mehl
3 TL Backpulver
½ TL gemahlene Tonkabohne (ersatzweise 2 TL Vanillepaste)

FÜR DIE KAFFEECREME
200 g Mascarpone
5 TL Cappuccino-Instant-Kaffeepulver
400 g Sahne
3 EL Zucker
2 TL Vanillepaste
3 Pck. Sahnefestiger

AUSSERDEM
4 EL Kaffeesirup
50 g Haselnussblättchen
Puderzucker zum Bestäuben
Springform (26 cm Ø)

1 Den Boden der Springform mit Backpapier belegen. Den Backofen auf 180° vorheizen.

2 Für den Biskuit Eier und Zucker weißschaumig schlagen. Die restlichen Zutaten mischen und mit einem Teigspatel unter die Schaummasse heben. Die Biskuitmasse in die Form füllen, glatt streichen und im Ofen (Mitte) in 25–30 Min. goldbraun backen. Herausnehmen und in der Form abkühlen lassen. Dann den Rand lösen, den Biskuit auf ein Kuchengitter stürzen und das Backpapier vorsichtig abziehen.

3 Für die Kaffeecreme den Mascarpone mit dem Kaffeepulver verrühren, bis es sich aufgelöst hat. Die Sahne mit Zucker, Vanillepaste sowie Sahnefestiger steif schlagen und unter die Mascarpone-Kaffee-Creme heben.

4 Die Oberfläche des Biskuits mit einem Messer gerade schneiden. Den Springformrand säubern, den Biskuit auf eine Platte geben und einen Springformrand umlegen. Die Kaffeecreme auf den Biskuit geben und glatt streichen. Die Torte mindestens 1 Std. kühl stellen und anschließend mit Kaffeesirup und Haselnussblättchen dekorieren.

5 Mit einem Messer zwischen Kaffeecreme und Tortenring entlangfahren und den Tortenring ablösen. Die Torte mit Puderzucker bestäubt servieren.

BLONDIES

mit HIMBEEREN *und* MACADAMIANÜSSEN

Für 9 Stücke
Zubereitungszeit: 20 Min.
Backen: 30 Min.

FÜR DEN TEIG
150 g weiße Schokolade
200 g Mehl
½ TL Backpulver
Salz
150 g Butter
170 g brauner Zucker
1 Ei (M)

ZUM BESTREUEN
100 g TK-Himbeeren
80 g Macadamianüsse

AUSSERDEM
Brownieform (20 × 20 cm)

1 Die Brownieform mit Backpapier auslegen. Den Backofen auf 180° vorheizen. Für den Teig die Schokolade fein hacken. Mehl, Backpulver und 1 Prise Salz mischen.

2 Die Butter in einem Topf bei schwacher Hitze schmelzen lassen, vom Herd nehmen und den Zucker untermischen. Die Masse lauwarm abkühlen lassen. Das Ei und anschließend die Mehlmischung rasch unterrühren. Zum Schluss die Schokolade zügig untermischen.

3 Die Masse in die Form füllen und glatt streichen. Die gefrorenen Himbeeren mit den Macadamianüssen darauf verteilen und leicht andrücken. Die Blondies im Ofen (Mitte) in 25–30 Min. goldbraun backen.

4 Die Blondies in der Form auskühlen lassen, dann in neun Stücke schneiden und herausheben.

Fatmanurs Tipp

Alle Zutaten sollen wirklich nur kurz untergerührt werden, damit nicht zu viel Luft in die Masse kommt. Nur so werden die Blondies schön saftig.

SAFTIGE BROWNIES

mit MANDELN

Für 9 Stücke
Zubereitungszeit: 20 Min.
Backen: 20 Min.

FÜR DEN TEIG

250 g Schokolade
(70 % Kakaogehalt)
130 g Butter
180 g brauner Zucker
¼ TL Salz
1 TL Vanillepaste
3 Eier (M)
120 g Mehl
3 EL Kakaopulver
½ TL Backpulver

ZUM BESTREUEN

100 g Schokodrops
100 g geschälte Mandeln

AUSSERDEM

Brownieform (20 × 20 cm)

1 Die Brownieform mit Backpapier auslegen. Den Backofen auf 180° vorheizen.

2 Für den Teig die Schokolade hacken und mit der Butter in einer Schüssel über einem Wasserbad schmelzen lassen. Zucker, Salz und Vanillepaste untermischen. Dann die Eier unterrühren. Mehl, Kakao und Backpulver mischen und ebenfalls unterrühren.

3 Die Masse in die Form füllen und glatt streichen. Die Schokodrops und Mandeln darauf verteilen und leicht andrücken. Die Brownies im Ofen (Mitte) 20 Min. backen.

4 Die Brownies in der Form auskühlen lassen, dann in neun Stücke schneiden und herausheben.

Fatmanurs Tipp

Perfekte Brownies sind innen schön weich und saftig. Deshalb keinesfalls zu lange backen, sie werden sonst trocken.

KNUSPRIGE WAFFELN

mit SCHOKOLADE

Für 8 Stück
Zubereitungszeit: 20 Min.
Backen: 32 Min.

FÜR DEN TEIG

100 g Zartbitterschokolade (70 % Kakaogehalt)
100 g Butter
2 Eier (L; Zimmertemperatur)
75 g Zucker
Salz
75 g Mehl
1 gestr. TL Backpulver
15 g Kakaopulver
110 ml Milch (Zimmertemperatur)

AUSSERDEM

Waffeleisen
neutrales Öl für das Waffeleisen
Schlagsahne und Beeren (nach Belieben)

1 Für den Teig die Schokolade hacken und mit der Butter in einer Schüssel über einem Wasserbad schmelzen lassen. Das Waffeleisen vorheizen.

2 Die Schoko-Butter-Masse vom Wasserbad nehmen und die Eier unterrühren. In einer Schüssel den Zucker mit 1 Prise Salz, Mehl, Backpulver und Kakao mischen und mit der Milch unter die Schoko-Butter-Masse rühren.

3 Das Waffeleisen mit etwas Öl einfetten. Einen kleinen Schöpflöffel Teig in das Waffeleisen geben, schließen und die Waffel in ca. 4 Min. knusprig backen. Herausnehmen und auf einem Kuchengitter abkühlen lassen. Mit dem restlichen Teig genauso verfahren.

4 Die Schoko-Waffeln nach Belieben mit Schlagsahne und Beeren servieren.

Fatmanurs Tipp

Wer kein Waffeleisen besitzt, kann den Teig auch einfach in einer Pfanne ausbacken – so wie Pancakes.

ZIMTSCHNECKEN-KEKSE

mit CREAM CHEESE FROSTING

Für 50 Stück
Zubereitungszeit: 20 Min.
Backen: 28 Min.
Kühlen: 30 Min. + 20 Min.

FÜR DEN TEIG

200 g weiche Butter
350 g Mehl
½ TL Backpulver
1 Msp. Salz
100 g Zucker
50 g Puderzucker
1 Ei (M)
1 TL Vanillepaste

FÜR DIE ZIMTFÜLLUNG

25 g geschmolzene Butter
50 g brauner Zucker
2 TL Zimtpulver

FÜR DAS FROSTING

3 EL Doppelrahmfrischkäse
1 EL Puderzucker
1 Spritzer Zitronensaft (nach Belieben)

1 Für den Teig alle Zutaten miteinander verkneten, zu einer Kugel formen und in Frischhaltefolie gewickelt im Kühlschrank 30 Min. ruhen lassen.

2 Für die Füllung die Butter schmelzen lassen, Zucker und Zimtpulver unterrühren.

3 Den Teig halbieren und eine Hälfte zu einem ca. 4 mm dicken Rechteck ausrollen. Die Hälfte der Füllung auf dem Rechteck verstreichen. Den Teig von einer Längsseite aus aufrollen. Die übrige Teighälfte genauso ausrollen, mit der restlichen Füllung bestreichen und aufrollen.

4 Die beiden Rollen auf ein Brett oder eine Platte legen und im Tiefkühlfach 20 Min. fest werden lassen. Alternativ kann man sie auch ca. 1 Std. in den Kühlschrank legen.

5 Den Backofen auf 180° vorheizen. Zwei Backbleche mit Backpapier belegen. Die Rollen quer in ca. 5–8 mm dicke Scheiben schneiden und auf die Bleche legen. Die Bleche nacheinander im Ofen (Mitte) 12–14 Min. backen, bis die Schnecken goldbraun sind. Abkühlen lassen.

6 Für das Frosting den Frischkäse mit dem Puderzucker verrühren, dabei nach Belieben Zitronensaft dazugeben. Die Kekse mit dem Frosting bestreichen.

Fatmanurs Tipp

Falls beim Aufrollen des Teigs kleine Risse entstehen, ist das nicht tragisch – die Risse einfach mit dem Finger glatt streichen.

KERNIGE VITAL-KEKSE

mit CRANBERRIES

Für 20 Stück
Zubereitungszeit: 15 Min.
Backen: 20 Min.

100 g gehackte Mandeln
80 g gehackte Haselnüsse
85 g Sonnenblumenkerne
40 g Cranberries
2 Eiweiß (M)
Salz
1 Msp. Zimtpulver
4 EL Honig

1 Ein Backblech mit Backpapier belegen. Den Backofen auf 150° vorheizen.

2 In einer Schüssel Mandeln, Haselnüsse, Sonnenblumenkerne und Cranberries mischen.

3 Die Eiweiße leicht schaumig schlagen. 1 Prise Salz, Zimtpulver und Honig dazugeben und alles verquirlen.

4 Das Eiweiß zur Nuss-Cranberry-Mischung geben und alles verrühren. Aus der Masse mit einem Teelöffel kleine Portionen abnehmen und auf das Backpapier setzen, dabei etwas flach drücken.

5 Die Kekse im Ofen (Mitte) in ca. 20 Min. goldbraun backen. Auf dem Blech abkühlen lassen und sofort genießen oder in einer Box aufbewahren.

Fatmanurs Tipp

Für Schokofans bestreicht man die Unterseite der Kekse mit Zartbitterkuvertüre.

Hier geht's zur Video-Anleitung!

Schönes für BESONDERE ANLÄSSE

Geburtstage, Muttertag, Einschulung, Hochzeit … für diese besonders wichtigen Tage gebe ich mir gerne extra Mühe und kreiere hübsche Torten. Traut euch, es ist nicht schwierig und ihr macht Familie und Freunden mit traumhaften Backwerken, Desserts und kleinen Köstlichkeiten eine Riesenfreude.

RED-VELVET-TORTE

mit CREAM CHEESE FROSTING

Für 8 Stücke
Zubereitungszeit: 40 Min.
Backen: 40 Min.
Kühlen: 1 Std.

FÜR DEN TEIG

125 g weiche Butter
200 g Puderzucker
1 TL Vanillepaste
2 Eier (M)
250 g Mehl
2 EL Kakaopulver
½ Pck. Backpulver
20 g Speisestärke
250 ml Milch
rote Lebensmittelfarbe

FÜR DAS FROSTING

100 g Doppelrahmfrischkäse
125 g Mascarpone
55 g Puderzucker
1 TL Vanillepaste
150 g Sahne

AUSSERDEM

100 g Brombeeren
100 g Himbeeren
70 g Heidelbeeren
100 g Erdbeeren
Puderzucker zum Bestäuben
Springform (20 oder 24 cm Ø)
Butter für die Form
Spritzbeutel mit Lochtülle

1 Die Springform mit Butter einfetten. Den Backofen auf 180° vorheizen. Für den Teig Butter, Puderzucker und Vanillepaste cremig rühren. Die Eier nacheinander unterschlagen. Mehl, Kakao, Backpulver und Speisestärke mischen. Die Mehlmischung und die Milch abwechselnd unter die Butter-Eier-Masse rühren.

2 Zum Schluss soviel Lebensmittelfarbe untermischen, bis die gewünschte Farbe erreicht ist. Den Teig in die Form füllen und im Ofen (Mitte) ca. 40 Min. backen. Kurz vor Ende der Backzeit eine Stäbchenprobe machen: Haftet an einem in die Mitte gesteckten Holzstäbchen beim Herausziehen kein Teig daran, ist er fertig gebacken. Den Kuchen in der Form abkühlen lassen.

3 Die Beeren waschen, putzen und trocken tupfen. Für das Frosting Frischkäse, Mascarpone, Puderzucker und Vanillepaste mit den Rührbesen des Handrührgeräts glatt rühren. Nach und nach die Sahne dazugeben und weiterschlagen, bis eine feste Masse entstanden ist. Das Frosting in den Spritzbeutel füllen.

4 Den Kuchen aus der Form lösen und quer halbieren. Die untere Hälfte auf eine Platte setzen und von außen nach innen die Hälfte des Frostings in großen Tupfen verteilen. Die Hälfte der Beeren dazwischen verteilen.

5 Den zweiten Boden darauflegen und das restliche Frosting in großen Tupfen an den Rand spritzen. Die übrigen Beeren in der Mitte aufhäufen. Die Torte im Kühlschrank 1 Std. ruhen lassen. Vor dem Servieren mit etwas Puderzucker bestäuben.

Hier geht's
zur Video-
Anleitung!

HEIDELBEER-MANDEL-TORTE

mit ZITRONENQUARK

Für 12 Stücke
Zubereitungszeit: 40 Min
Backen: 15 Min.

FÜR DEN MANDELBAISER

2 EL Mandelblättchen
4 Eiweiß (M)
80 g Zucker
1 TL Vanillepaste
150 g gemahlene Mandeln
1 TL Speisestärke
½ TL Backpulver

FÜR DEN ZITRONENQUARK

1 Bio-Zitrone
250 g Sahne
50 g Zucker
250 g Speisequark

AUSSERDEM

250 g Heidelbeeren
2 EL Mandelblättchen
Puderzucker zum Bestäuben
Springform (24 cm Ø)
Butter für die Form
Tortenheber

1 Die Springform mit Butter einfetten und die Mandelblättchen auf dem Boden verteilen. Den Backofen auf 180° vorheizen. Für das Mandelbaiser die Eiweiße mit Zucker und Vanillepaste steif schlagen. Mandeln mit Speisestärke und Backpulver mischen und unter den Eischnee heben.

2 Die Schaummasse in die Form füllen, glatt streichen und im Ofen (Mitte) in 10–15 Min. goldbraun backen. Herausnehmen, den Rand ablösen und den Kuchen auf dem Formboden auskühlen lassen. Dann mit einem Tortenheber ablösen und auf eine Kuchenplatte setzen.

3 Die Heidelbeeren waschen und trocken tupfen. Für den Zitronenquark die Zitrone heiß waschen, trocken tupfen und die Schale abreiben. Die Sahne mit dem Zucker steif schlagen. Den Quark mit der Zitronenschale verrühren und die Sahne unterheben.

4 Die Zitronencreme auf dem Mandelbaiser verstreichen und die Heidelbeeren darauf verteilen. Die Mandelblättchen in einer Pfanne goldbraun rösten und auf die Torte streuen. Mit etwas Puderzucker bestäubt servieren.

ERDBEER-KOKOS-TORTE

mit SAHNIGER QUARKCREME

Für 12 Stücke
Zubereitungszeit: 50 Min.
Backen: 30 Min.
Kühlen: 1 Std.

FÜR DEN BISKUIT

4 Eier (M) | 120 g Zucker
150 g Mehl | 50 g Speisestärke
2 TL Backpulver

FÜR DIE FÜLLUNG

300 g Erdbeeren
230 g Kokoskugeln
(z. B. Raffaelos)
400 g Sahne
2 Pck. Sahnefestiger
40 g Zucker
1 Pck. Vanillezucker
250 g Speisequark

AUSSERDEM

50 g rosa Kokosraspel
(Supermarkt oder online)
Springform (26 cm Ø)

Hier geht's zur Video-Anleitung!

1 Den Boden der Springform mit Backpapier auslegen. Den Backofen auf 180° vorheizen. Für den Biskuit Eier und Zucker weißschaumig aufschlagen. Mehl, Speisestärke und Backpulver mischen und mit einem Teigschaber unterheben. Den Teig in die Form füllen, glatt streichen und im Ofen (Mitte) in ca. 30 Min. goldgelb backen.

2 Den Springformrand lösen und den Biskuit auf ein Kuchengitter stürzen. Nach dem Auskühlen zweimal quer durchschneiden, sodass man drei Böden erhält.

3 Für die Füllung die Erdbeeren waschen und putzen, für die Deko 6 Beeren beiseitelegen, den Rest würfeln. 6 Kokoskugeln beiseitelegen, den Rest grob hacken.

4 Die Sahne mit Sahnefestiger, Zucker und Vanillezucker steif schlagen. Den Quark in einer Schüssel cremig rühren und die Sahne unterheben.

5 Einen Boden auf eine Platte legen und ein Drittel der Quarkcreme darauf verstreichen. Die Hälfte der Erdbeeren und der Raffelos darauf verteilen. Den zweiten Boden darauflegen und ebenfalls mit einem Drittel Creme bestreichen. Die restlichen Erdbeeren und Raffaelos daraufstreuen und mit dem dritten Boden bedecken.

6 Die Torte mit der restlichen Creme rundherum bestreichen und mit den Kokosraspeln bestreuen. Die Erdbeeren und die Kokoskugeln jeweils halbieren. Die Torte in zwölf Stücke teilen und jedes Stück mit einer Erdbeer- und einer Kokoskugelhälfte garnieren. Im Kühlschrank bis zum Servieren 1 Std. ruhen lassen.

HEIDELBEER-WICKELTORTE

mit ZITRONEN-MASCARPONECREME

Für 12 Stücke
Zubereitungszeit: 45 Min.
Backen: 5 Min.
Kühlen: 1 Std.

FÜR DEN BISKUIT

4 Eier (M)
110 g Zucker
2 TL Vanillepaste
100 g Mehl

FÜR DAS FRUCHTGELEE

200 g TK-Heidelbeeren
70 g Zucker
15 g Speisestärke

FÜR DIE CREME

1 Bio-Zitrone
110 g Sahne
60 g Zucker
220 g Mascarpone
300 g Speisequark

AUSSERDEM

50 g Heidelbeeren
100 g Himbeeren (nach Belieben)
8 Minzeblätter (nach Belieben)
10 g gehackte Pistazienkerne (nach Belieben)
Spritzbeutel mit Sterntülle

1 Ein Backblech mit Backpapier belegen. Den Backofen auf 210° vorheizen. Für den Biskuit die Eier mit Zucker und Vanillepaste weißschaumig schlagen. Das Mehl unterheben und den Teig auf dem Blech verstreichen. Den Biskuit im Ofen (Mitte) in 4-5 Min. goldbraun backen (nicht zu lange backen, sonst wird der Biskuit hart). Den Biskuit auf dem Papier vom Blech ziehen und auskühlen lassen.

2 Für das Fruchtgelee die Heidelbeeren mit dem Zucker in einem Topf aufkochen lassen. Die Speisestärke mit wenig kaltem Wasser glatt verrühren, zur Heidelbeermasse geben und 1–2 Min. köcheln lassen, bis die Masse richtig eindickt. Den Topf vom Herd nehmen und das Gelee zugedeckt abkühlen lassen.

3 Für die Creme die Zitrone heiß waschen, trocken tupfen, Schale abreiben und Saft auspressen. Die Sahne mit dem Zucker steif schlagen. Mascarpone mit Quark, Zitronensaft und -schale verrühren, die Sahne unterheben.

4 Den Biskuit stürzen und das Backpapier abziehen. Das Fruchtgelee auf dem Biskuit verstreichen. Ein paar Esslöffel Creme für die Deko in einen Spritzbeutel füllen, den Rest auf dem Fruchtgelee verstreichen.

5 Den Biskuit in 5 cm breite Streifen schneiden. Den ersten Streifen zu einer Schnecke aufrollen und in die Mitte einer Kuchenplatte legen. Die übrigen Streifen um die Schnecke herum wickeln.

6 Auf die Torte mit der restlichen Creme Tupfen spritzen. Mit Heidelbeeren und nach Belieben mit Himbeeren, Minzeblättern und Pistazien garnieren. 1 Std. kühl stellen.

Hier geht's zur Video-Anleitung!

DRIP CAKE
mit MANGOFÜLLUNG

Für 16 Stücke
Zubereitung: 1 Std. 40 Min.
Backen: 35 Min.
Kühlen: 2 Std. 30 Min.

FÜR DEN RÜHRTEIG
250 g weiche Butter
180 g Zucker | 5 Eier (M)
200 g Mehl | 1 TL Backpulver
50 g Speisestärke

FÜR DIE MANGOFÜLLUNG
1 Mango
3 EL Speisestärke
170 ml Maracujasaft
2 EL Zucker

FÜR DIE SAHNECREME
400 g Sahne
1 Pck. Sahnefestiger
70 g Puderzucker
250 g Mascarpone

FÜR DIE BUTTERCREME
250 g weiche Butter
130 g Puderzucker
blaue Lebensmittelfarbe

AUSSERDEM
80 g bunte Zuckerstreusel
90 g rosa Cake Drip (online)
2 Tortenringe (à 16 cm Ø)
Spritzbeutel mit Sterntülle

1 Ein Backblech mit Backpapier belegen und die zwei Tortenringe daraufsetzen. Den Backofen auf 180° vorheizen. Für den Rührteig Butter mit Zucker cremig schlagen. Die Eier einzeln unterrühren. Mehl, Backpulver und Speisestärke mischen und zügig unter die Buttermasse rühren. Den Teig in die Tortenringe füllen, glatt streichen und im Ofen (Mitte) in 30–35 Min. goldbraun backen. Herausnehmen und in den Ringen auskühlen lassen.

2 Für die Mangofüllung die Mango schälen, das Fruchtfleisch vom Stein und in kleine Würfel schneiden. Die Speisestärke mit ein paar Löffeln Maracujasaft glatt rühren. Die Speisestärkemischung mit dem restlichen Saft, Mango und Zucker in einem Topf aufkochen lassen. Vom Herd nehmen und zugedeckt abkühlen lassen.

3 Für die Sahnecreme die Sahne mit Sahnefestiger und Puderzucker steif schlagen. Mascarpone cremig rühren und die Sahne kurz unterrühren.

4 Für die Buttercreme die Butter mit Puderzucker und Vanillepaste sehr cremig rühren. So viel Lebensmittelfarbe dazugeben, bis der gewünschte Farbton erreicht ist.

5 Die beiden Böden jeweils quer halbieren. Einen Boden auf eine Platte legen und mit einem Drittel der Creme bestreichen – dafür wenig Creme glatt verstreichen, den Rest vom Drittel in einen Spritzbeutel geben und am Rand entlang in einer Linie aufspritzen. Ein Drittel der Mangofüllung auf dem Boden verteilen. Mit dem zweiten und dritten Boden genauso verfahren. Den vierten Boden darauflegen und die Torte mit Frischhaltefolie umhüllt im Kühlschrank ca. 1 Std. ruhen lassen.

6 Ein Viertel der Buttercreme in einen Spritzbeutel füllen. Mit der restlichen Buttercreme die Torte rundherum bestreichen, am unteren Rand mit Streuseln bestreuen. Die Torte 30 Min. kühl stellen.

7 Den fertigen Cake Drip in ein heißes Wasserbad legen, bis er flüssig ist. Den Drip auf die Torte gießen.

8 Die restliche Buttercreme auf die Torte spritzen und mit den übrigen Streuseln bestreuen. Die Torte bis zum Servieren mindestens 1 Std. kühl stellen.

Hier geht's zur Video-Anleitung!

SCHOKO-SAHNETORTE

ohne BACKEN

Für 6 Stücke
Zubereitungszeit: 50 Min.
Kühlen: 2 Std.

FÜR DEN BODEN
30 g Zartbitterkuvertüre
25 g Butter | 8 Schoko-Cookies

FÜR DIE DUNKLE CREME
70 g Zartbitterkuvertüre
160 g Sahne | 1 EL Zucker

FÜR DIE HELLE CREME
100 g Vollmilchkuvertüre
300 g Sahne | 2 EL Zucker

FÜR DIE DEKO
80 g Zartbitterkuvertüre
30 g weiße Kuvertüre

AUSSERDEM
50 g Schokodrops
Springform (18 cm Ø)
Spritzbeutel mit Sterntülle

1 Für den Boden die Kuvertüre klein hacken und mit der Butter in einem Topf schmelzen lassen. Die Cookies klein hacken und mit der Schoko-Butter vermischen. Die Masse in der Springform auf dem Boden verteilen und andrücken. Den Boden im Kühlschrank fest werden lassen.

2 Für die dunkle Creme die Kuvertüre klein hacken und über einem heißen Wasserbad schmelzen lassen. Die Sahne mit dem Zucker steif schlagen. Ein Viertel der Sahne in die lauwarme Kuvertüre geben und mit dem Schneebesen unterrühren. Die Schokolade rasch unter die restliche Sahne rühren, damit keine Klümpchen entstehen.

3 Die dunkle Creme auf dem Boden in der Form verteilen und glatt streichen, die Schokodrops daraufstreuen. Die Creme im Kühlschrank fest werden lassen.

4 Für die helle Creme die Kuvertüre klein hacken und über einem heißen Wasserbad schmelzen lassen. Sahne mit Zucker steif schlagen. Ein Viertel der Sahne in die lauwarme Kuvertüre geben und mit dem Schneebesen rasch unterrühren, damit keine Klümpchen entstehen.

5 Die Hälfte der hellen Creme in einen Spritzbeutel füllen, den Rest in der Form auf der dunklen Schokocreme verteilen. Mit dem Spritzbeutel die Creme in Tupfen verteilen – die Oberfläche soll damit bedeckt sein.

6 Für die Deko die Kuvertüren getrennt klein hacken. Die Hälfte der Zartbitterkuvertüre über einem heißen Wasserbad schmelzen lassen. Die lauwarme Kuvertüre über die Torte träufeln und mit der restlichen Zartbitterkuvertüre und der weißen Kuvertüre bestreuen.

7 Die Torte im Kühlschrank in 1 Std. fest werden lassen. Vor dem Servieren mit einem Messer aus der Form lösen und auf eine Platte setzen.

REGENBOGEN-TORTE

mit SCHOKO-DRIP

Für 16 Stücke
Zubeitungszeit: 1 Std. 40 Min.
Backen: 30 Min.
Kühlen: 1 Std.

FÜR DIE BUTTERCREME
500 ml Milch
1 TL Vanillepaste
5 EL Zucker
1 Pck. Vanillepuddingpulver
300 g weiche Butter

FÜR DEN RÜHRTEIG
200 g weiche Butter
1 TL Vanillepaste
130 g Zucker | 4 Eier (M)
350 g Mehl | 1 Pck. Backpulver
90 ml Milch
rote, gelbe, grüne und blaue Lebensmittelfarben

FÜR DEN SCHOKO-DRIP
75 g Zartbitterkuvertüre
90 g Sahne

AUSSERDEM
50 g bunte Zuckerstreusel
Cake Topper (Motiv nach Anlass)
2 Springformen (à 16 cm Ø; ersatzweise Tortenringe)
Butter und Mehl für die Formen

1 Für die Buttercreme aus Milch, Vanillepaste, Zucker und Puddingpulver nach Packungsanweisung einen Pudding kochen. In eine Schüssel füllen, die Oberfläche mit Frischhaltefolie bedecken und abkühlen lassen.

2 Inzwischen die beiden Springformen mit Butter einfetten und mit Mehl ausstäuben (Tortenringe mit Butter einfetten und auf ein mit Backpapier belegtes Blech setzen). Den Backofen auf 180° vorheizen.

3 Für den Rührteig die Butter mit Vanillepaste und Zucker cremig rühren. Die Eier einzeln unterschlagen. Das Mehl mit Backpulver mischen und zügig unterrühren, dann die Milch unterrühren.

4 Den Teig in vier Portionen teilen. Zwei Portionen jeweils in eine Schüssel geben und mit je einer Lebensmittelfarbe einfärben. Die Teige in die Formen füllen, glatt streichen und im Ofen (Mitte) ca. 15 Min. backen. Die anderen beiden Teige abdecken.

5 Die Böden herausnehmen, aus den Formen lösen und auf einem Kuchengitter abkühlen lassen. Die Formen erneut mit Butter einfetten und mit Mehl ausstäuben. Die übrigen beiden Teige jeweils in eine Schüssel geben und mit je einer Lebensmittelfarbe einfärben. Die Teige in die Formen füllen, glatt streichen und im Ofen (Mitte) ca. 15 Min. backen. Herausnehmen, aus den Formen lösen und auf einem Kuchengitter abkühlen lassen. Die Wölbung der Böden mit einem Messer gerade abschneiden.

6 Die Butter mit den Rührbesen des Handrührgeräts cremig rühren und den Pudding unterschlagen.

7 Den blauen Boden auf eine Kuchenplatte setzen und mit einem Viertel der Buttercreme bestreichen. Den grünen und gelben Boden daraufsetzen und jeweils ebenfalls mit einem Viertel der Creme bestreichen. Zum Schluss den roten Boden auflegen und die Torte rundherum mit der restlichen Buttercreme bestreichen. Die Torte im Kühlschrank mindestens 1 Std. ruhen lassen.

8 Für den Schoko-Drip die Sahne in einem Topf erhitzen. Die Kuvertüre hacken und unter Rühren in der Sahne schmelzen lassen. Den Schoko-Drip lauwarm abkühlen lassen. Den unteren Tortenrand mit Zuckerstreuseln bestreuen. Den Schoko-Drip auf die Torte gießen und auf der Oberfläche verstreichen. Zum Schluss den Cake Topper in die Torte stecken.

Hier geht's zur Video-Anleitung!

OSTERTORTE

mit NUGATCREME

Für 8 Stücke
Zubereitungszeit: 3 Std.
Backen: 50 Min.
Kühlen: 2 Std.

FÜR DIE NUGATCREME

200 g Haselnuss-Nugat
400 ml Milch
1 EL Zucker
1 Pck. Vanillepuddingpulver
250 g weiche Butter

FÜR DEN RÜHRTEIG

5 Eier (M)
280 g Mehl | 3 TL Backpulver
30 g Kakaopulver
240 g weiche Butter
150 g Zucker
1 TL Vanillepaste
150 ml Milch

FÜR DIE DEKO

700 g grüne Fondantdecke (online)
250 g weißer Fondant (Supermarkt)
70 g gelber Fondant (online)
50 g rosa Fondant (online)

AUSSERDEM

12 EL Milch zum Beträufeln
Springform (18 cm Ø)
Butter und Mehl für die Form

1 Für die Nugatcreme den Nugat klein schneiden. Aus Milch, Zucker und Puddingpulver nach Packungsanweisung einen Pudding kochen. Den Topf vom Herd nehmen und den Nugat in dem Pudding unter Rühren schmelzen lassen. Die Nugatcreme in eine Schüssel füllen und mit Frischhaltefolie bedeckt abkühlen lassen.

2 Die Springform mit Butter einfetten und mit Mehl bestäuben. Den Backofen auf 175° vorheizen.

3 Für den Rührteig die Eier trennen und die Eiweiße steif schlagen. Mehl, Backpulver und Kakao mischen und sieben. Die Butter mit Zucker und Vanillepaste in einer großen Schüssel cremig rühren. Die Eigelbe nach und nach unterschlagen und die Milch unterrühren.

4 Zuerst den Eischnee, dann die Mehlmischung unter die Buttermasse heben. Den Teig in die Form geben, glatt streichen und im Ofen (Mitte) ca. 50 Min. backen. Den Kuchen herausnehmen und in der Form auskühlen lassen.

5 Die Butter cremig rühren und den Pudding nach und nach unterschlagen.

6 Die Wölbung an der Oberfläche des Bodens gerade abschneiden. Den Boden zweimal quer durchschneiden. Einen Boden auf eine Platte setzen, mit 4 EL Milch beträufeln und mit einem Drittel der Creme bestreichen. Den zweiten Boden daraufsetzen, ebenfalls mit 4 EL Milch beträufeln und mit einem Drittel der Creme bestreichen. Den dritten Boden auflegen und mit der übrigen Milch beträufeln. Die Torte rundherum mit der restlichen Creme bestreichen und 2 Std. in den Kühlschrank stellen.

7 Die Fondantdecke mittig auf die Torte legen und leicht andrücken, sodass sie festklebt. Den überstehenden Fondant unten mit einem Messer abschneiden.

8 Aus der weißen Fondantmasse ein Häschen und Dekoelemente modellieren. Aus dem gelben und rosa Fondant Blümchen oder beliebige Elemente ausstechen. Die Deko kurz vor dem Servieren auf der Torte anbringen.

HOCHZEITSTORTE

mit VANILLEBUTTERCREME

Für 16 Stücke
Zubereitungszeit: 3 Std.
Backen: 30 Min.
Kühlen: 2 Std.

FÜR DEN BISKUIT

5 Eier (M)
210 g Zucker
1 TL Vanillepaste
225 g Mehl
2 ½ TL Backpulver

FÜR DIE BUTTERCREME

700 ml Milch
60 g Zucker
1 TL Vanillepaste
1 ½ Pck. Vanillepudding-pulver
500 g weiche Butter

FÜR DIE DEKO

500 g weiße Fondantdecke
120 cm Satinband (weiß oder silber)
1 Cake Topper mit passendem Motiv
weiße und rosa Rosen

AUSSERDEM

Springform (26 cm Ø)

1 Für den Biskuit Eier, Zucker und Vanillepaste mit den Rührbesen des Handrührgeräts weißschaumig aufschlagen (das dauert mind. 6 Min., ihr könnt die Masse auch länger schlagen, aber auf keinen Fall kürzer).

2 Den Backofen auf 170° vorheizen. Den Boden der Springform mit Backpapier belegen.

3 Mehl und Backpulver mischen, nach und nach auf die Schaummasse sieben und mit einem Teigschaber unterheben. Den Teig in die Form füllen, glatt streichen und im Ofen (Mitte) 25–30 Min. backen. Den Biskuit in der Form auskühlen lassen.

4 Für die Buttercreme aus Milch, Zucker, Vanillepaste und Puddingpulver nach Packungsanweisung einen Pudding kochen. Den Pudding in eine Schüssel geben, die Oberfläche mit Frischhaltefolie abdecken (damit sich keine Haut bildet) und abkühlen lassen.

5 Die Butter cremig rühren und den Pudding nach und nach unterschlagen, abschließend mindestens 2 Min. kräftig weiterrühren.

6 Den Biskuit zweimal quer durchschneiden. Den unteren Boden auf eine Platte legen und mit einem Drittel Buttercreme bestreichen. den zweiten darauflegen, ebenfalls mit einem Drittel Creme bestreichen und den dritten Boden auflegen. Die Torte rundherum mit der restlichen Buttercreme bestreichen und 2 Std. kühl stellen.

7 Die Fondantdecke mittig auf die Torte legen und rundherum glatt andrücken. Den überstehenden Fondant unten mit einem Messer gerade abschneiden. Das Satinband unten um die Torte legen und zu einer Schlaufe binden. Den Cake Topper in die Oberfläche stecken und die Torte kurz vor dem Servieren mit ganzen Rosenblüten oder mit Blütenblättern dekorieren.

SAUBERE TORTENPLATTE

Step 1 Auf einer Tortenplatte am Rand entlang drei breite Streifen Backpapier legen, sodass der Plattenrand vollständig abgedeckt ist.

Step 2 Den Tortenboden auf die Platte legen. Dabei darauf achten, dass die Backpapierstreifen unter dem Kuchen liegen und nicht herausrutschen.

Step 3 Die Torte rundherum mit Creme bestreichen (oder mit flüssiger Schokolade übergießen).

Step 4 Die Backpapierstreifen unter dem Kuchen hervorziehen. Ihr müsst die Torte also nicht »umziehen«, sondern könnt sie gleich auf der Platte servieren.

TORTE GLATT ÜBERZIEHEN

Step 1 Eine fertig gefüllte Torte (idealerweise auf einer Drehplatte) mit einer dünnen Schicht Buttercreme rundherum mit einer Winkelpalette bestreichen (Coating, damit die Krümel fixiert sind).

Step 2 Die Buttercreme mit einem Spritzbeutel auf die Oberfläche der Torte und in dicken Strängen rundherum auf den Rand spritzen.

Step 3 Die Creme mit einer großen Teigkarte zuerst auf der Oberfläche, dannn rundherum am Rand glatt streichen. Anschließend die Torte in den Kühlschrank stellen.

Step 4 Nachdem die Creme im Kühlschrank fest geworden ist, überstehende Creme am oberen Rand mit einem scharfen Messer abschneiden, sodass eine exakte Kante entsteht.

KÄSEKUCHEN-SCHULTÜTEN

mit QUARKFÜLLUNG

Für 8 Stück
Zubereitungszeit: 30 Min.
Backen: 45 Min.
Abkühlen: 1 Std.

FÜR DEN MÜRBETEIG

75 g weiche Butter
75 g Zucker
1 Pck. Vanillezucker
1 Ei (M) | 170 g Mehl
½ TL Backpulver

FÜR DIE FÜLLUNG

1 Bio-Zitrone | 2 Eier (M)
200 g Sahne
500 g Speisequark
100 g Zucker
35 g Speisestärke

FÜR DIE DEKO

200 g dunkle Kuchenglasur
200 g weiße Kuchenglasur
90 g bunte Zuckerstreusel
20 g roter Fondant
20 g blauer Fondant
20 g grüner Fondant
40 g bunte Mini-Schokolinsen
16 Marshmallows

AUSSERDEM

Speisestärke zum Arbeiten
Springform (26 cm Ø)
Butter und Mehl für die Form

1 Die Springform mit Butter einfetten und mit Mehl ausstäuben. Für den Mürbeteig alle Zutaten miteinander verkneten. Zwei Drittel des Teigs in die Form geben und gleichmäßig am Boden andrücken. Aus dem restlichen Teig einen ca. 7 cm hohen Rand andrücken. Den Boden mit einer Gabel mehrmals einstechen. Die Form in den Kühlschrank stellen. Den Backofen auf 160° vorheizen.

2 Für die Füllung die Eier trennen und die Eiweiße steif schlagen. Die Sahne ebenfalls steif schlagen. Die Zitrone heiß waschen, trocken tupfen und die Schale abreiben.

3 Quark, Zucker, Speisestärke, Eigelbe und Zitronenschale verrühren. Den Eischnee und die Sahne unterheben. Die Quarkmasse in die Form füllen und im Ofen (Mitte) in ca. 45 Min. goldbraun backen. Den Kuchen herausnehmen und in der Form auskühlen lassen.

4 Den Springformrand abnehmen und den Kuchen in acht Stücke schneiden. Die Stücke mit Abstand zueinander auf Backpapier legen.

5 Die Kuchenglasuren nach Packungsanweisung jeweils schmelzen lassen. Jeweils vier Kuchenstücke auf der Oberfläche und am Teigrand damit bestreichen. Sofort, also bevor die Glasur fest wird, die schmale Seite mit Zuckerstreuseln bestreuen.

6 Den Fondant auf der mit Speisestärke bestäubten Arbeitsfläche ausrollen und Buchstaben und Zahlen ausstechen. Die Fondantelemente und die Schokolinsen mit etwas Kuchenglasur fixieren.

7 Die restliche Kuchenglasur jeweils in einen Gefrierbeutel geben, eine kleine Ecke abschneiden und die Glasur als Tupfen oder Linien auf die Schultüten spritzen.

8 Die Marshmallows zu Dreiecken schneiden und jeweils zwei davon mit etwas Kuchenglasur am Rand der einzelnen Kuchenstücke fixieren.

Hier geht's zur Video-Anleitung!

Kleine KÖSTLICHKEITEN & DESSERTS

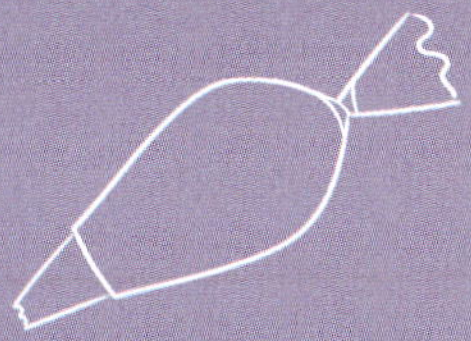

Ihr seid eher Fans von süßen Cupcakes, Törtchen & Desserts anstatt von großen Kuchen? Dann seid ihr hier genau richtig. Bananen-Cupcakes, Tiramisu-Törtchen, Bienenstich-Desserts und vieles mehr warten auf euch.

BEEREN-TARTELETTES

mit VANILLECREME

Für 6 Stück
Zubereitungszeit: 40 Min.
Backen: 13 Min.
Kühlen: 1 Std. 30 Min.

FÜR DEN MÜRBETEIG
160 g Mehl (+ Mehl zum Arbeiten)
15 g gemahlene Mandeln
50 g Puderzucker
Salz
1 Ei (S)
75 g weiche Butter

FÜR DIE VANILLECREME
200 ml Milch
40 g Zucker
½ Pck. Vanillepuddingpulver
125 g Schmand

FÜR DEN BELAG
125 g Himbeeren
125 g Brombeeren
100 g Heidelbeeren
1 Kiwi
½ Mango

AUSSERDEM
6 Tartelettefömchen (6 cm Ø)
Butter und Mehl für die Förmchen
1 Pck. klarer Tortenguss (nach Belieben)

1 Für den Mürbeteig alle Zutaten glatt verkneten. Den Teig in Frischhaltefolie gewickelt im Kühlschrank 1 Std. (oder im Tiefkühlfach 30 Min.) ruhen lassen.

2 Die Tartelettefömchen mit Butter einfetten und mit Mehl bestäuben. Den Teig durchkneten und auf der mit Mehl bestäubten Arbeitsfläche zu einem Rechteck von ca. 30 × 20 cm ausrollen und dieses in sechs Quadrate à 10 × 10 cm schneiden.

3 Die Teigstücke in die Förmchen drücken und den überstehenden Teig mit einem Messer abschneiden. Die Böden mit einer Gabel mehrmals einstechen. Die Förmchen im Kühlschrank 30 Min. ruhen lassen (oder im Tiefkühlfach 15 Min.)

4 Den Backofen auf 180° vorheizen. Die Tarteletteböden im Ofen (Mitte) in 10–13 Min. goldbraun backen. Herausnehmen und in den Förmchen abkühlen lassen. Die Böden vorsichtig aus den Förmchen lösen.

5 Inzwischen für die Vanillecreme aus Milch, Zucker und Puddingulver nach Packungsanweisung einen Pudding kochen. Vom Herd nehmen und den Schmand unterrühren. Die Vanillecreme auf die Tarteletteböden verteilen und glatt streichen.

6 Die Beeren waschen und trocken tupfen. Die Kiwi schälen, in Scheiben und diese in Viertel schneiden. Die Mango schälen, das Fruchtfleisch vom Stein und in Stückchen schneiden. Die Tartelettes mit Beeren, Kiwi und Mango belegen. Die Früchte nach Belieben mit Tortenguss vor dem Austrocknen schützen.

Hier geht's
zur Video-
Anleitung!

BANANEN-CUPCAKES

mit WALNÜSSEN

Für 6 Stück
Zubereitungszeit: 40 Min.
Backen: 20 Min.
Kühlen: 30 Min.

FÜR DEN TEIG
80 g weiche Butter
60 g braunen Zucker
2 Eier (M)
1 reife Banane
80 g Walnusskerne
120 g Mehl
1 gestr. TL Backpulver
50 ml Milch

FÜR DAS TOPPING
200 g weiche Butter
160 g Puderzucker
1 TL Vanillepaste
200 g Doppelrahmfrischkäse

FÜR DIE DEKO
50 g Bananenchips
60 g Walnusskerne
4 EL Honig (nach Belieben)

AUSSERDEM
6er-Muffinform
6 Muffin-Papierförmchen
Spritzbeutel mit Sterntülle

1 Den Backofen auf 175° vorheizen. In die Mulden eines Muffinblechs Papierförmchen setzen.

2 Für den Teig Butter und Zucker cremig rühren und die Eier nacheinander unterschlagen. Die Masse mindestens 5 Min. weiterschlagen.

3 Die Banane schälen und mit einer Gabel fein zerdrücken. Die Walnusskerne grob hacken. Mehl und Backpulver mischen.

4 Zuerst die Banane, dann die Mehlmischung mit den Walnüssen und zum Schluss die Milch ganz kurz unter die Butter-Eier-Masse rühren. Den Teig in die Papierförmchen verteilen und im Ofen (Mitte) in 15–20 Min. goldbraun backen. Die Bananen-Cupcakes herausnehmen, aus den Mulden heben und akühlen lassen.

5 Für das Topping die Butter 5–7 Min. cremig rühren. Puderzucker und Vanillepaste unterschlagen. Den Frischkäse nur ganz kurz unter die Buttermasse rühren. Das Topping in einen Spritzbeutel füllen.

6 Das Topping auf die Muffins spritzen, Bananenchips und Walnüsse darauf verteilen. Die Muffins im Kühlschrank ca. 30 Min. ruhen lassen. Vor dem Servieren nach Belieben mit Honig beträufeln.

DONAUWELLEN-CUPCAKES

mit BUTTERCREME-TOPPING

Für 12 Stück
Zubereitungszeit: 40 Min.
Backen: 20 Min.
Kühlen: 30 Min.

FÜR DAS TOPPING
300 ml Milch
50 g Zucker
1 Pck. Vanillepuddingpulver
125 g weiche Butter

FÜR DEN TEIG
125 g weiche Butter
100 g Zucker
2 Eier (M)
160 g Mehl
1 ½ TL Backpulver
10 g Kakaopulver
2 EL Milch
150 g Schattenmorellen (aus dem Glas)

FÜR DIE SCHOKOGLASUR
200 g Zartbitterkuvertüre
2 EL Sonnenblumenöl oder Kokosfett

AUSSERDEM
12er-Muffinform
12 Muffin-Papierförmchen
Spritzbeutel mit Sterntülle

1 Für das Topping aus Milch, Zucker und Puddingpulver nach Packungsanweisung einen Pudding kochen. In eine Schüssel füllen, die Oberfläche mit Frischhaltefolie bedecken und den Pudding abkühlen lassen.

2 Den Backofen auf 180° vorheizen. In die Mulden eines Muffinblechs Papierförmchen setzen.

3 Für den Teig Butter und Zucker cremig rühren und die Eier nacheinander unterschlagen. Die Masse mindestens 5 Min. weiterschlagen.

4 Das Mehl mit dem Backpulver mischen und unter die Butter-Eier-Masse rühren. Die Hälfte des Teigs in die Papierförmchen verteilen.

5 Den übrigen Teig mit dem Kakaopulver und der Milch verrühren. Den dunklen Teig auf den hellen in die Förmchen geben. Die Kirschen in den Teig drücken. Die Muffins im Ofen (Mitte) ca. 20 Min. backen. Herausnehmen, aus den Mulden lösen und auskühlen lassen.

6 Inzwischen den Pudding cremig verrühren. Die Butter ebenfalls cremig rühren und den Pudding unterschlagen. Das Topping in einen Spritzbeutel füllen und auf die Muffins verteilen. Das Topping im Kühlschrank ca. 30 Min. fest werden lassen.

7 Inzwischen für die Glasur die Kuvertüre klein hacken und über einem heißen Wasserbad schmelzen lassen. Das Öl dazugeben und einrühren. Die Muffins mit dem Topping kopfüber in die Schokoglasur tauchen.

Hier geht's zur Video-Anleitung!

TOLLE MUSTER OHNE TÜLLE

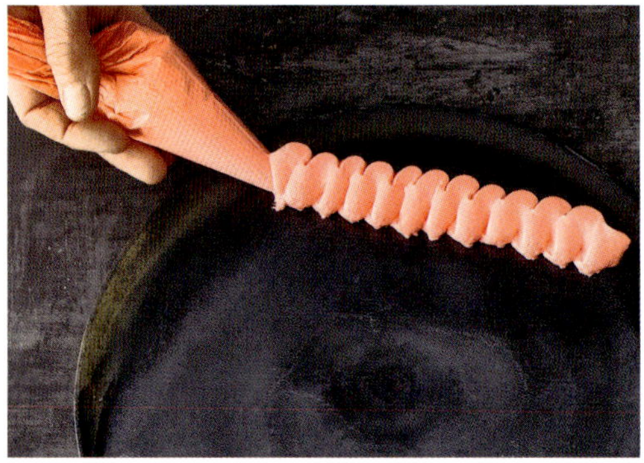

FÜR DAS WELLENMUSTER *Step 1*

Die Spitze eines Einweg-Spritzbeutels gerade abschneiden. Dann an einer Seite ein schräges Stück abschneiden.

FÜR DAS WELLENMUSTER *Step 2*

Den Beutel mit der Creme beim Spritzen hin- und herbewegen, sodass ein Wellenmuster entsteht.

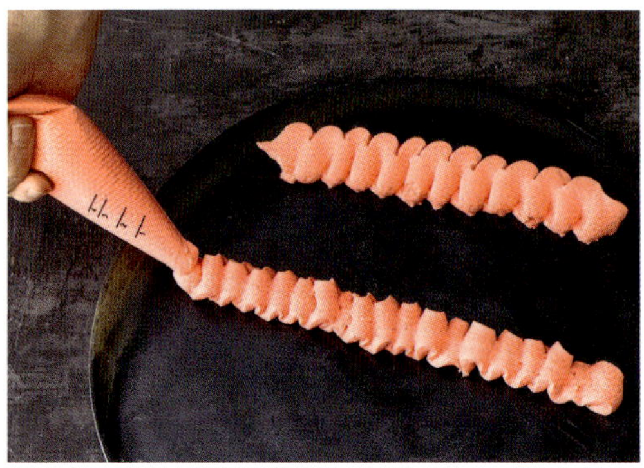

FÜR DAS BLATTMUSTER *Step 1*

Die Spitze des Beutels auf beiden Seiten schräg abscheiden, sodass eine neue Spitze entsteht.

FÜR DAS BLATTMUSTER *Step 2*

Den Beutel mit der Creme beim Spritzen von oben nach unten ziehen, damit ein Blattmuster entsteht.

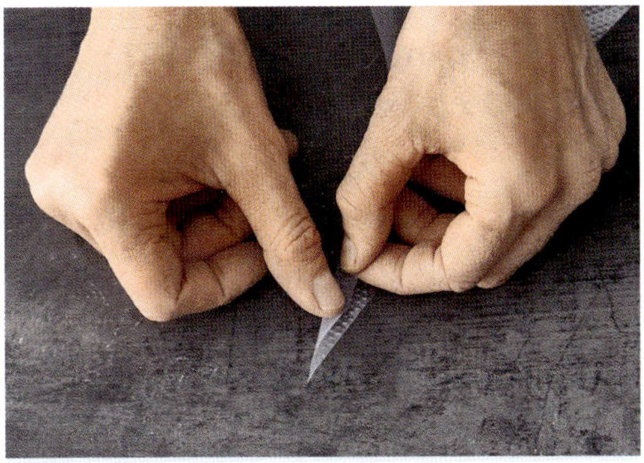

FÜR DAS STERNMUSTER *Step 1*
Die Spitze eines Einweg-Spritzbeutels längs zusammenfalten.

FÜR DAS STERNMUSTER *Step 2*
Die gefaltete Spitze noch einmal längs zusammenfalten.

FÜR DAS STERNMUSTER *Step 3*
Die Spitze auf beiden Seiten schräg abschneiden. So entsteht eine Spitze, die beim Entfalten sternförmig ist.

FÜR DAS STERNMUSTER *Step 4*
Den Beutel mit der Creme beim Spritzen kreisförmig bewegen, sodass ein Sternmuster entsteht.

MINI-TIRAMISU-TÜRMCHEN

mit DREIERLEI CREMES

Für 10 Stück
Zubereitungszeit: 50 Min.
Kühlen: 1 Std.

FÜR DIE CREMES

500 g Mascarpone
250 g Magerquark
80 g Puderzucker
600 g Sahne
2 EL Zucker
3 Pck. Sahnefestiger
2 TL Vanillepaste
30 ml starker Espresso
1 EL Kakaopulver (+ etwas mehr zum Bestäuben)

AUSSERDEM

600 g Löffelbiskuits
70 g Schoko-Mokkabohnen
3 Spritzbeutel mit Lochtülle
10 Dessertringe (à 10 cm Ø)
ca. 3 m Dekoband

Hier geht's zur Video-Anleitung!

1 Für die Creme in einer Schüssel den Mascarpone mit Quark und Puderzucker glatt verrühren.

2 Sahne mit Zucker, Sahnefestiger und Vanillepaste in einem hohen Rührbecher steif schlagen. Die geschlagene Sahne unter die Mascarpone-Quark-Creme rühren. Die Creme in drei Schüsseln verteilen.

3 Den Espresso mit der Creme in einer Schüssel verrühren. Das Kakaopulver unter die Creme in der zweiten Schüssel rühren. Die drei Cremes jeweils in einen Spritzbeutel mit Lochtülle geben.

4 Die Löffelbiskuits an einer Seite jeweils gerade abschneiden, damit sie gut stehen und mit der geraden Seite nach unten kreisförmig in die Dessertringe stellen. Die Biskuitabschnitte auf den Boden füllen und festdrücken.

5 Zuerst die Schokocreme in den Löffelbiskuit-Türmchen verteilen, darauf die Espressocreme spritzen und mit der Vanillecreme abschließen.

6 Die Tiramisu-Türmchen mit etwas Kakaopulver bestäuben und mit den Schoko-Mokkabohnen dekorieren. Um jedes Türmchen ein Dekoband binden und bis zum Servieren in den Kühlschrank stellen. Vor dem Servieren die Türmchen aus den Ringen lösen.

OSTERTÖRTCHEN

mit HASELNÜSSEN

Für 8 Stück
Zubereitungszeit: 50 Min.
Backen: 30 Min.
Kühlen: 30 Min.

FÜR DEN RÜHRTEIG
300 g Möhren
150 g weiche Butter
150 g Zucker
4 Eier (M)
260 g Dinkelmehl (Type 630)
1 Pck. Backpulver
½ TL Zimtpulver
200 g gemahlene Haselnusskerne

FÜR DIE CREME
250 g Sahne
1 Pck. Sahnefestiger
1 TL Vanillepaste
175 g Doppelrahmfrischkäse
2 EL Puderzucker

FÜR DIE DEKO
60 g orange Fondantmasse
40 g grüne Fondantmasse

AUSSERDEM
Backrahmen (30 × 35 cm)
Glas oder Ausstecher (ca. 8 cm Ø)
Spritzbeutel mit Sterntülle

1 Den Backofen auf 170° vorheizen. Ein Backblech mit Backpapier belegen und den Backrahmen daraufsetzen. Die Möhren schälen und fein raspeln.

2 Für den Rühreig Butter und Zucker cremig rühren. Die Eier einzeln unterschlagen.

3 Mehl, Backpulver und Zimt mischen und unter die Butter-Eier-Masse rühren. Die Haselnüsse und die Möhren unterheben. Den Teig auf das Blech geben, glatt streichen und im Ofen (Mitte) in ca. 30 Min. goldbraun backen. Den Kuchen auf dem Blech auskühlen lassen.

4 Inzwischen aus den beiden Fondantmassen Möhrchen modellieren.

5 Für die Creme die Sahne mit Sahnefestiger und Vanillepaste steif schlagen. Den Frischkäse mit dem Puderzucker verrühren und die Sahne untermischen.

6 Aus dem Kuchen mit einem Glas oder Ausstecher 16 Kreise ausstechen. 8 Kreise nebeneinanderlegen und die Hälfte der Creme daraufspritzen. Mit den übrigen Kreisen bedecken und die restliche Creme in Tupfen darauf verteilen.

7 Die Törtchen im Kühlschrank 30 Min. ruhen lassen. Vor dem Servieren die Fondant-Möhrchen daraufsetzen.

Hier geht's
zur Video-
Anleitung!

MAULWURF-TÖRTCHEN

mit SCHOKO-BANANEN-FÜLLUNG

Für 12 Stück
Zubereitungszeit: 30 Min.
Backen: 15 Min.
Kühlen: 30 Min.

FÜR DEN BODEN

125 g weiche Butter
120 g Zucker
3 Eier (M)
150 g Mehl
3 EL Kakaopulver
1 Pck. Backpulver
50 g Schokoraspel
5 EL Milch

FÜR DIE FÜLLUNG

2 Bananen
400 g Sahne | 10 g Zucker
1 Pck. Vanillezucker
2 Pck. Sahnefestiger
50 g Schokoraspel

AUSSERDEM

Glas oder Ausstecher (ca. 8 cm Ø)

Hier geht's zur Video-Anleitung!

1 Den Backofen auf 190° vorheizen. Ein Backblech mit Backpapier belegen.

2 Für den Boden die Butter mit dem Zucker cremig rühren und die Eier nacheinander unterschlagen .

3 Mehl, Kakao, Backpulver und Schokoraspel mischen und unter die Butter-Eier-Masse rühren. Die Milch untermischen und den Teig auf das Backblech streichen, dabei auf allen Seiten einen ca. 5 cm breiten Rand frei lassen (alternativ in einen 30 × 35 cm großen Backrahmen füllen).

4 Den Boden im Ofen (Mitte) ca. 15 Min. backen. Herausnehmen und auf dem Blech auskühlen lassen.

5 Aus dem Kuchen mit dem Glas oder Ausstecher zwölf Kreise ausstechen. Den restlichen Kuchen fein zerbröseln.

6 Für die Füllung die Bananen schälen, in Scheiben schneiden und auf den Kuchenkreisen verteilen.

7 Die Sahne mit Zucker, Vanillezucker und Sahnefestiger steif schlagen und die Schokoraspel unterheben. Die Sahne kuppelförmig auf die Böden streichen. Die Brösel auf die Törtchen streuen und leicht andrücken.

8 Die Maulwurf-Törtchen bis zum Servieren mindestens 30 Min. im Kühlschrank ruhen lassen.

MINI-CHEESECAKES

mit BEEREN-MIX

Für 12 Stück
Zubereitungszeit: 20 Min.
Backen: 1 Std.

FÜR DEN BODEN

100 g Butterkekse
50 g Butter

FÜR DIE QUARKCREME

½ Bio-Zitrone (ersatzweise 1 TL Vanillepaste)
2 Eier (M) | 80 g Zucker
500 g Magerquark
10 g Mehl
100 g Sahne

FÜR DIE DEKO

100 g TK-Himbeeren
12 Johannisbeerrispen
12 Himbeeren

AUSSERDEM

12er-Muffinform
12 Muffin-Papierförmchen

1 Für den Boden die Butterkekse in einem Gefrierbeutel mit einem Topfboden zerstoßen. Die Butter in einem Topf schmelzen lassen und mit den Keksbröseln mischen.

2 Den Backofen auf 180° vorheizen. Die Papierförmchen in die Muffinmulden setzen. Die Bröselmischung in die Förmchen verteilen und mit einem Glasboden festdrücken.

3 Für die Quarkcreme die Zitrone heiß waschen, trocken tupfen und die Schale abreiben. Die Eier mit Zucker und Zitronenschale cremig rühren. Den Quark und zum Schluss Mehl und Sahne untermischen.

4 Die Quarkcreme mit einem Löffel auf die Keksböden geben. Die Törtchen in den Ofen (Mitte) stellen, die Temperatur auf 120° reduzieren und ca. 1 Std. backen. Die Cheesecakes in der Form auskühlen lassen.

5 Die TK-Himbeeren etwas antauen lassen, dann mit dem Stabmixer kurz pürieren. Die übrigen Beeren waschen und trocken tupfen.

6 Die Cheesecakes herausheben und die Papierförmchen ablösen. Das Himbeerpüree auf den Törtchen verteilen und mit den Beeren dekorieren.

Hier geht's zur Video-Anleitung!

FRUCHTIGE MINI-PAVLOVA

mit MANGO

Für 10 Stück
Zubereitungszeit: 40 Min.
Backen: 50 Min.
Trocknen: 30 Min.

FÜR DAS BAISER
4 Eiweiß (L; ca. 140 g)
200 g Zucker

FÜR DIE FÜLLUNG
1 große Mango
200 g Sahne
40 g Puderzucker
1 TL Vanillepaste
200 g Doppelrahmfrischkäse

AUSSERDEM
2 Maracujas
100 g Physalis
Minzeblätter für die Deko
Spritzbeutel mit Sterntülle

1 Für das Baiser die Eiweiße in einer fettfreien Rührschüssel mit den Rührbesen des Handrührgeräts auf niedriger Stufe 2 Min. aufschlagen. Die Geschwindigkeit erhöhen und 2 Min. weiterschlagen. Nach und nach den Zucker dazugeben und rühren, bis der Eischnee Spitzen bildet und die Masse schön glänzt.

2 Den Backofen auf 120° Umluft vorheizen. Zwei Backbleche mit Backpapier belegen. Die Eischneemasse in den Spritzbeutel füllen und auf die Bleche Türmchen spritzen: Dafür jeweils zehn vollflächige Kreise à ca. 7 cm Ø aufspritzen. Auf jeden Kreis zwei Ringe übereinanderspritzen, sodass ca. 4 cm hohe Türmchen entstehen, die man in der Mitte befüllen kann. Die beiden Bleche im Ofen (Mitte) ca. 50 Min. backen, dabei einen Kochlöffelstiel in die Ofentüre klemmen. Den Ofen ausschalten und die Baiser-Türmchen ca. 30 Min. trocknen lassen.

3 Für die Füllung die Mango schälen, das Fruchtfleisch vom Stein schneiden. Drei Viertel in kleine Würfel, den Rest in dünne Spalten schneiden. Die Sahne mit Puderzucker und Vanillepaste steif schlagen. Den Frischkäse unterrühren und die Creme in einen Spritzbeutel füllen.

4 Die Maracujas halbieren und der Fruchtfleisch herausheben. Die Physalis waschen und halbieren.

5 In die Türmchen die Mangowürfel verteilen. Die Creme daraufspritzen. Die Mini-Pavlovas mit Mangospalten, Physalis und Maracujafruchtfleisch belegen. Mit Minzeblättern dekorieren. Am besten sofort servieren, sie weichen bei längerem Stehen durch.

JOGHURT-TÖRTCHEN

mit SCHOKOLADE *und* ERDBEEREN

Für 12 Stück
Zubereitungszeit: 40 Min.
Kühlen: 2 Std.

FÜR DIE CREME
500 g griech. Joghurt
100 g Puderzucker
200 g Sahne
1 Pck. Vanillezucker
2 Pck. Sahnefestiger

FÜR DEN ÜBERZUG
300 g Zartbitterkuvertüre
1 TL Kokosöl

AUSSERDEM
12 Erdbeeren
12 runde Eiswaffeln (6 cm Ø; Fertigprodukt)
Spritzbeutel mit Sterntülle

1 Für die Creme den Joghurt mit dem Puderzucker glatt rühren. Die Sahne mit dem Vanillezucker und dem Sahnefestiger steif schlagen. Anschließend den Joghurt unterheben. Die Creme in einen Spritzbeutel füllen. Den Beutel in einem Rührbecher ca. 2 Std. kühl stellen.

2 Die Erdbeeren waschen, putzen und trocken tupfen. Die Creme in kleinen Tupfen auf die Waffeln spritzen. Jeweils 1 Erdbeere daraufsetzen. Die restliche Creme um und auf die Erdbeeren spritzen, sodass hohe Törtchen entstehen. Die Törtchen kurz in das Tiefkühlfach stellen.

3 Für den Überzug die Kuvertüre grob hacken und mit dem Kokosöl über einem heißen Wasserbad schmelzen lassen. Die Törtchen auf einem Kuchengitter mit der Kuvertüre übergießen.

Fatmanurs Tipp

Die Törtchen kann man auch mit anderen Beeren, etwa mit Heidelbeeren oder Himbeeren, aber auch mit Bananen- oder Mangostückchen machen.

FABELHAFTE MACARONS

mit GANACHE

Für 20 Stück
Zubereitungszeit: 30 Min.
Backen: 12 Min.
Trocknen: 1 Std.

FÜR DAS MANDELBAISER

95 g gemahlene Mandeln
170 g Puderzucker
85 g Eiweiß (ca. 3 Eiweiß, M)
40 g Zucker
rote, gelbe, blaue oder grüne Lebensmittelfarbe

FÜR DIE GANACHE

150 g Zartbitterkuvertüre
50 g Sahne

AUSSERDEM

Spritzbeutel mit großer Lochtülle

1 Für das Mandelbaiser Mandeln und Puderzucker in eine Schüssel sieben und mischen. In einer zweiten Schüssel Eiweiße und Zucker steif schlagen. Den Eischnee in drei Portionen unter die Mandel-Puderzucker-Mischung rühren. Die Lebensmittelfarbe untermischen. (Wer mag, teilt den Teig in mehrere Schüsseln auf und färbt jede Portion in einer anderen Farbe ein.) Die Masse in einen Spritzbeutel füllen.

2 Ein Backblech mit Backpapier belegen und das Baiser in ca. 3 cm großen Tupfen daraufsetzen. Ca. 1 Std. antrocknen lassen, damit sich eine Haut bildet.

3 Die Macarons im Backofen (Mitte) bei 130° Umluft ca. 12 Min. backen. Auf dem Blech abkühlen lassen.

4 Inzwischen für die Ganache die Kuvertüre hacken. Die Sahne erhitzen und die Kuvertüre darin bei kleiner Hitze schmelzen lassen. Vom Herd nehmen und die Ganache abkühlen lassen, bis sie etwas fester geworden ist.

5 Die Macarons vom Backpapier lösen. Die Hälfte davon auf den Unterseiten mit Ganache bestreichen (falls die Masse zu fest wird, über einem Wasserbad leicht erwärmen) und die unbestrichenen Macarons dagegendrücken.

Hier geht's zur Video-Anleitung!

Fatmanurs Tipp

Ungefüllte Macarons sind luftdicht verpackt bis zu zwei Wochen haltbar. Man kann Macarons sogar 1–2 Monate tiefkühlen – auch gefüllte. Zum Auftauen einfach über Nacht in den Kühlschrank legen.

SÜSSE CAKE POPS

à la MINI MOUSE

Für 18 Stück
Zubereitungszeit:
1 Std. 30 Min.
Backen: 40 Min.
Kühlen: 30 Min.

FÜR DEN TEIG
2 Eier (M)
125 g Zucker
125 ml Sonnenblumenöl
125 ml Milch
210 g Mehl
½ Pck. Backpulver
100 g gemahlene Mandeln

FÜR DIE GANACHE
200 g Zartbitterkuvertüre
200 g Sahne

FÜR DIE DEKO
100 g rosa Fondantmasse
250 g rote Deko-Melts
500 g dunkle Kuchenglasur

AUSSERDEM
1 Springform (26 cm Ø)
18 Cake-Pop-Sticks
Silikonform für Schleifen (nach Belieben)

1 Für den Teig Eier und Zucker mit den Rührbesen des Handrührgeräts weißschaumig schlagen – das dauert mindestens 5 Min. Den Backofen auf 180° vorheizen. Die Springform mit Backpapier belegen.

2 Das Öl und die Milch mischen und unterrühren. In einer Schüssel Mehl, Backpulver und Mandeln mischen und kurz auf niedrigster Stufe unterrühren. Den Teig in die Form füllen, glatt streichen und im Ofen (Mitte) in ca. 40 Min. goldbraun backen. Den Boden in der Form abkühlen lassen.

3 Inzwischen für die Deko aus der Fondantmasse Schleifen formen (nach Belieben mithilfe einer Silikonform).

4 Für die Ganache die Kuvertüre klein hacken und in eine Schüssel geben. Die Sahne erhitzen, über die Kuvertüre gießen und rühren, bis die Kuvertüre geschmolzen ist.

5 Den Boden mit den Händen in einer Schüssel zerbröseln. Die Ganache bis auf 1 EL zu den Bröseln gießen und alles verkneten. Aus der Masse 18 Kugeln formen.

6 Die Cake-Pop-Stiele an einem Ende 2–3 cm weit in die restliche Ganache tunken und in die Kugeln stecken. Rechts und links der Stiele jeweils ein Deko-Melt als »Ohren« einstecken. Die Cake Pops im Kühlschrank in ca. 30 Min. fest werden lassen.

7 Die Kuchenglasur in einem heißen Wasserbad schmelzen lassen und in einen hohen Rührbecher oder einen anderen schmalen hohen Behälter füllen. Die Cake Pops komplett in die Glasur tauchen und mit den Stielen nach

oben auf Backpapier setzen. Die Schleifen in die noch feuchte Kuvertüre drücken. Die Glasur fest werden lassen.

8 Inzwischen die übrigen roten Deko-Melts in einer Schüssel in einem heißen Wasserbad schmelzen lassen. Die Cake Pops bis zur Mitte in die rote Glasur tauchen und mit den Stielen nach oben auf Backpapier trocknen lassen.

Hier geht's zur Video-Anleitung!

ZITRONEN-TIRAMISU

mit MERINGEN

Für 10 Portionen
Zubereitungszeit: 30 Min.
Kühlen: 1 Std.

FÜR DIE TRÄNKE

100 ml Zitronensaft
40 g Zucker

FÜR DIE CREME

170 g Sahne
80 g Zucker
1 Bio-Zitrone
300 g Mascarpone
400 g Speisequark

AUSSERDEM

200 g Löffelbiskuits
50 g Meringen
flache Form (ca. 15 × 30 cm)

1 Für die Tränke Zitronensaft und 100 ml Wasser mit dem Zucker in einem Topf erhitzen, bis sich der Zucker aufgelöst hat. Die Mischung abkühlen lassen.

2 Für die Creme die Sahne mit dem Zucker steif schlagen.

3 Die Zitrone heiß waschen und trocken tupfen, die Schale abreiben und den Saft auspressen. Zitronenschale und -saft mit Mascarpone und Quark in einer Schüssel verrühren. Die Sahne unterheben.

4 Die Hälfte der Löffelbiskuits in der Form nebeneinander auslegen und mit der Hälfte der Tränke beträufeln. Die Hälfte der Creme darauf verteilen. Die restlichen Löffelbiskuits darauflegen, mit der übrigen Tränke beträufeln und mit der restlichen Creme bestreichen.

5 Das Tiramisu mit ganzen und zerbröselten Meringen dekorieren und im Kühlschrank 1 Std. durchziehen lassen.

Fatmanurs Tipp

Meringen kann man ganz leicht selber machen: 2 Eiweiße (M) mit 130 g Zucker und 1 Prise Salz über einem heißen Wasserbad mit dem Handrührgerät zu einer glänzenden Masse schlagen. In einen Spritzbeutel mit Sterntülle geben und ca. 3 cm große Tupfen auf ein mit Backpapier belegtes Backblech setzen. Im Ofen (Mitte) bei 100° ca. 1 Std. trocknen lassen.

Hier geht's zur Video-Anleitung!

BIENENSTICH

im GLAS

Für 6 Gläser
Zubereitungszeit: 35 Min.
Backen: 10 Min.

FÜR DIE CREME
400 ml Milch
1 TL Vanillepaste
50 g Zucker
1 Pck. Vanillepuddingpulver
250 g Sahne
1 Pck. Sahnefestiger

FÜR DEN BISKUIT
3 Eier (M)
50 g Zucker
1 TL Vanillepaste
80 g gemahlene Mandeln
20 g Speisestärke

FÜR DIE KARAMELLISIERTEN MANDELN
50 g Zucker
1 EL Honig
30 g Butter
100 g Mandelblättchen

AUSSERDEM
Spritzbeutel mit Sterntülle
6 Gläser à 150 ml

1 Den Backofen auf 180° vorheizen. Ein Backblech mit Backpapier belegen. Für die Creme aus Milch, Vanillepaste, Zucker und Puddingpulver nach Packungsanweisung einen Pudding kochen. Den Pudding in eine Schüssel füllen, die Oberfläche mit Frischhaltefolie belegen (damit sich keine Haut bilden kann) und abkühlen lassen.

2 Für den Biskuit Eier, Zucker und Vanillepaste schaumig schlagen. Die Mandeln mit der Speisestärke mischen und unter die Masse heben. Den Biskuit auf dem Blech verteilen, dabei auf allen Seiten einen ca. 5 cm breiten Rand frei lassen und glatt streichen (alternativ in einen 30 × 35 cm großen Backrahmen füllen). Den Biskuit im Ofen (Mitte) in ca. 10 Min. goldgelb backen.

3 Inzwischen für die karamellisierten Mandeln den Zucker in einer Pfanne bei mittlerer Hitze schmelzen und goldgelb karamellisieren lassen. Den Honig und die Butter einrühren und schmelzen lassen. Die Mandelblättchen untermischen und alles goldbraun karamellisieren lassen. Die Mandelmischung gleichmäßig flach auf Backpapier verteilen und abkühlen lassen.

4 Die Sahne mit Sahnefestiger steif schlagen. Den Pudding durchrühren und die Sahne unterheben. Die Creme in einen Spritzbeutel füllen.

5 Aus dem Biskuit mit den Gläsern zwölf Kreise ausstechen. Die karamellisierten Mandelblättchen zerbröseln. Ein Drittel der Creme in die Gläser spritzen und ein Drittel der karamellisierten Mandeln darauf verteilen. Jeweils einen Biskuitboden darauflegen, ein weiteres Drittel Creme und Mandelblättchen daraufgeben und mit den übrigen

Biskuitkreisen belegen. Mit der restlichen Creme und den übrigen Mandelblättchen abschließen. Der Bienenstich kann sofort serviert werden oder man stellt ihn in den Kühlschrank und genießt ihn am nächsten Tag.

SCHWARZWÄLDER KIRSCH

im GLAS

Für 6 Portionen
Zubereitungszeit: 40 Min.
Backen: 15 Min.
Kühlen: 30 Min.

FÜR DEN BODEN
65 g weiche Butter
50 g Zucker
2 Eier (M)
60 g Mehl
1 ½ TL Backpulver
20 g Kakaopulver
3 EL Milch

FÜR DAS KIRSCHRAGOUT
1 kleines Glas Schattenmorellen (250 g Abtropfgewicht)
1 EL Speisestärke

FÜR DIE CREME
250 g Sahne
50 g Zucker
1 TL Vanillepaste
100 g Speisequark

AUSSERDEM
50 g Schokoraspel
Springform (26 cm Ø)
6 Gläser à 150 ml

1 Den Backofen auf 180° vorheizen. Ein Backblech mit Backpapier belegen.

2 Für den Boden Butter, und Zucker cremig rühren, die Eier nacheinander unterschlagen. Die Masse mindestens 5 Min. schlagen. Mehl, Backpulver und Kakao mischen und rasch unter die Butter-Eier-Masse rühren. Die Milch hinzufügen und alles kurz verrühren.

3 Den Teig auf dem Backblech glatt verstreichen und im Ofen (Mitte) ca. 15 Min. backen. Herausnehmen und abkühlen lassen. Dann in Stücke zupfen oder schneiden.

4 Für das Kirschragout die Kirschen in ein Sieb abgießen und den Saft auffangen. 130 ml Kirschsaft abmessen. 2 EL davon mit der Speisestärke glatt rühren. Den restlichen Saft in einem Topf erhitzen, die Stärkemischung dazugeben und aufkochen lassen. Die Kirschen hinzufügen und das Kirschragout abkühlen lassen.

5 Für die Creme die Sahne mit Zucker und Vanillepaste steif schlagen. Den Quark unterrühren.

6 Die Hälfte des Schokobodens in die Gläser verteilen. Die Hälfte des Kirschragouts und die Hälfte der Creme daraufgeben. Die Schicht wiederholen und das Schwarzwälder-Kirsch-Dessert mit Schokoraspeln bestreuen. Im Kühlschrank ca. 30 Min. ruhen lassen.

Hier geht's
zur Video-
Anleitung!

ERDBEER-DESSERT

mit MASCARPONE

Für 8 Portionen
Zubereitungszeit: 25 Min.
Kühlen: 30 Min.

FÜR DEN BODEN
100 g Butterkekse
50 g Butter

FÜR DIE CREME
400 g Sahne
1 Pck. Sahnefestiger
250 g Mascarpone
250 g Speisequark
70 g Puderzucker

FÜR DIE ERDBEERSAUCE
400 g Erdbeeren
1 EL Zucker

FÜR DIE DEKO
120 g weiße Schokolade
250 g Erdbeeren

AUSSERDEM
8 Gläser à 150 ml

Hier geht's zur Video-Anleitung!

1 Für den Boden die Kekse in einem Gefrierbeutel mit einem Topfboden zerdrücken. Die Butter in einem Topf schmelzen lassen und mit den Keksbröseln mischen.

2 Für die Creme die Sahne mit Sahnefestiger steif schlagen. In einer Schüssel Mascarpone, Quark und Puderzucker verrühren. Die Sahne unterheben.

3 Für die Erdbeersauce die Erdbeeren waschen, putzen und in einem hohen Rührbecher mit dem Stabmixer pürieren, dabei den Zucker dazugeben.

4 Für die Deko die weiße Schokolade klein hacken. Die Erdbeeren waschen und putzen, 3 Erdbeeren in Spalten, den Rest in dünne Scheiben schneiden.

5 Die Keksmischung in die Gläser verteilen und die Erdbeerscheiben an die Glasränder anlegen. Die Hälfte der Creme einfüllen und die Hälfte der Schokolade daraufstreuen. Die restliche Creme daraufgeben.

6 Die Erdbeersauce in die Gläser verteilen, mit der übrigen Schokolade bestreuen und mit den Erdbeerspalten garnieren. Das Dessert bis zum Servieren im Kühlschrank 30 Min. ruhen lassen.

Fatmanurs Tipp

Am leichtesten verteilt man die Creme mit einem Spritzbeutel mit Lochtülle in den Gläsern. So bleibt die Glaswand schön sauber.

SPEKULATIUS-DESSERT

mit HIMBEEREN

Für 8 Portionen
Zubereitungszeit: 25 Min.
Kühlen: 30 Min.

FÜR DIE CREME

200 g Sahne
1 Pck. Sahnefestiger
250 g griech. Joghurt
250 g Speisequark
100 g Zucker
1 Pck. Vanillezucker
½ TL Spekulatius-Gewürz

AUSSERDEM

200 g Spekulatius-Kekse
350 g TK-Himbeeren
8 frische Himbeeren für die Deko
6 Gläser à 150 ml

1 Die Spekulatius-Kekse grob zerbröseln oder hacken.

2 Für die Creme die Sahne mit dem Sahnefestiger steif schlagen. Den Joghurt mit Quark, Zucker, Vanillezucker und Spekulatius-Gewürz verrühren. Die geschlagene Sahne unter die Joghurtmischung heben.

3 Ein Drittel der Creme in die Gläser verteilen und die Hälfte der TK-Himbeeren daraufgeben. Ein Drittel der Spekulatius daraufstreuen und mit einem weiteren Drittel Creme bedecken. Die restlichen Himbeeren, ein Drittel Spekulatius und die übrige Creme darauf verteilen.

4 Das Dessert mit den restlichen Spekulatius bestreuen und mit den frischen Himbeeren garnieren. Das Dessert bis zum Servieren im Kühlschrank 30 Min. ruhen lassen.

Fatmanurs Tipp

Wenn Weihnachten noch lange hin ist – dieses Dessert kann man auch mit anderen knusprigen Keksen zubereiten, etwa mit Karamellkeksen, Butterkeksen oder Cantuccini.

Hier geht's zur Video-Anleitung!

Brot, Brötchen & HERZHAFTES

Obwohl ich Konditorin bin, backe ich auch sehr gerne Brot und herzhaftes Gebäck. Duftendes, frisch gebackenes Brot aus dem eigenen Ofen ist schon was Feines, oder? Hier verrate ich außerdem meine besten Rezepte für Pide, Börek & Co.

RUCK-ZUCK-BROT

mit DINKEL

Für 1 Brot (ca. 1100 g)
Zubereitungszeit: 20 Min.
Ruhen: 2 Std.
Backen: 1 Std. 10 Min.

FÜR DEN HEFETEIG

20 g frische Hefe (½ Würfel)
700 g Dinkelmehl (Type 630; + etwas mehr zum Arbeiten)
1 EL Salz

AUSSERDEM

kleiner Bräter mit Deckel
Öl für Schüssel und Bräter
ofenfeste Schale

1 Für den Hefeteig die Hefe mit 450 ml lauwarmem Wasser in einer großen Schüssel verrühren, bis sie sich aufgelöst hat.

2 Das Mehl mit dem Salz hinzufügen und alles zu einem glatten Teig verkneten und zu einem ovalen Laib formen.

3 Eine Schüssel mit Öl einfetten und den Teig darin zugedeckt an einem warmen Ort ca. 2 Std. gehen lassen.

4 Den Teig auf der bemehlten Arbeitsplatte von außen zur Mitte hin fünf- oder sechsmal falten. Den Bräter mit Öl fetten und mit Mehl bestäuben.

5 Den Teig umgedreht, also mit der glatten Seite nach oben, in den Bräter legen. Die Oberfläche mit etwas Mehl bestäuben und mit einem scharfen Messer kreuzförmig einritzen. Die Form mit dem Deckel verschließen.

6 Den Backofen auf 230° einstellen und eine Schale mit Wasser auf den Boden stellen. Den Teig im Bräter bereits beim Aufheizen in den Ofen (Mitte) stellen und zugedeckt ca. 50 Min. backen. Dann den Deckel abnehmen und das Brot in ca. 20 Min. fertig backen.

7 Das Brot aus dem Bräter nehmen und auf einem Kuchengitter auskühlen lassen.

Hier geht's zur Video-Anleitung!

FLADENBROT

mit SESAM

Für 2 Stück
Zubereitungszeit: 20 Min.
Ruhezeit: 45 Min. + 15 Min.
Backen: 15 Min.

FÜR DEN HEFETEIG

200 ml Milch
50 ml Sonnenblumenöl
1 Pck. Trockenhefe
2 TL Salz
1 TL Zucker
1 Eiweiß (M)
710 g Mehl (+ etwas mehr zum Arbeiten)

AUSSERDEM

1 Eigelb (M)
1 EL Milch
4 EL Sesam zum Bestreuen

1 Für den Hefeteig die Milch in einem Topf lauwarm erhitzen. Die Milch mit 200 ml lauwarmem Wasser, Öl, Hefe, Salz, Zucker und Eiweiß in einer Schüssel mischen.

2 Das Mehl nach und nach mit einem Schneebesen unterrühren. Wenn die Mischung so fest ist, dass man nicht mehr rühren kann, das restliche Mehl dazugeben und mit der Hand kneten, bis ein weicher, leicht klebriger Teig entstanden ist.

3 Den Teig zugedeckt an einem warmen Ort ca. 45 Min. gehen lassen. Zwei Backbleche mit Backpapier belegen.

4 Den Teig halbieren und auf die Bleche legen. Die Teige mit der Hand zu Fladen auseinanderdrücken. Die Fladen abgedeckt ca. 15 Min. gehen lassen.

5 Den Backofen auf 220° vorheizen. Mit angefeuchteten Fingern ein Karomuster in die Teige drücken. Das Eigelb mit der Milch verrühren und die Fladen damit bestreichen. Mit Sesam bestreuen.

6 Die Fladenbrote nacheinander im Ofen (Mitte) in 10–15 Min. goldbraun backen. Herausnehmen und auf einem Kuchengitter auskühlen lassen.

Hier geht's zur Video-Anleitung!

Fatmanurs Tipp

Abwechslung gewünscht? Statt mit Sesam kann man das Fladenbrot auch mit Schwarzkümmel, grobem Salz, Rosmarin oder Thymian bestreuen.

LAUGENECKEN

mit KERNIGEM TOPPING

Für 8 Stück
Zubereitungszeit: 40 Min.
Ruhen: 1 Std. + 30 Min.
Backen: 20 Min.

FÜR DEN HEFETEIG

250 ml Milch
½ Würfel Hefe
550 g Mehl (+ Mehl zum Arbeiten)
1 TL Salz
1 EL Zucker
2 EL Öl
2 EL Joghurt
2 Eigelb (M)

AUSSERDEM

120 g Butter
10 g Natron
¼ TL Salz
50 g Sesam
50 g Mohnsamen
50 g Kürbiskerne

1 Für den Hefeteig die Milch lauwarm erhitzen und mit der Hefe verrühren, bis sie sich aufgelöst hat.

2 In einer großen Schüssel Mehl, Salz und Zucker mischen. Die Hefemilch, Öl, Joghurt und Eigelbe dazugießen. Alle Zutaten zu einem glatten Teig verkneten. Den Teig zugedeckt an einem warmen Ort 1 Std. gehen lassen.

3 Den Teig auf der mit Mehl bestäubten Arbeitsfläche durchkneten, zu einer Rolle formen und in acht Stücke schneiden. Die Teiglinge rund formen und zu Kreisen mit ca. 20 cm Ø ausrollen.

4 Die Butter in einem Topf schmelzen lassen. Die Teigkreise aufeinanderstapeln, dabei jeden Teig – bis auf den obersten – ganzflächig mit Butter bestreichen.

5 Den Teigstapel in acht Kuchenstücke schneiden und auf ein mit Backpapier belegtes Backblech legen. Die Teigdreiecke mit einem Küchentuch abgedeckt an einem warmen Ort ca. 30 Min. gehen lassen.

6 Den Backofen auf 190° vorheizen. In einem kleinen Topf 200 ml Wasser mit Natron und Salz aufkochen lassen. Die Teigdreiecke oben und rundherum an den Rändern mit der Natronlösung bestreichen. Die Oberflächen mit Sesam, Mohn und Kürbiskernen bestreuen.

7 Die Laugenecken im Ofen (Mitte) in ca. 20 Min. braun und knusprig backen.

LAUGENBRÖTCHEN

mit GROBEM SALZ

Für 12 Stück
Zubereitungszeit: 30 Min.
Ruhen: 40 Min. + 30 Min.
Backen: ca. 15 Min.

FÜR DEN HEFETEIG

500 g Mehl (+ etwas mehr zum Arbeiten)
1 TL Zucker
10 g frische Hefe (¼ Würfel)
1 ½ TL Salz
300 ml lauwarmes Wasser

FÜR DIE LAUGE

1 TL Salz
50 g Natron

AUSSERDEM

grobes Salz zum Bestreuen
12er-Muffinform
Butter für die Form

Hier geht's zur Video-Anleitung!

1 Für den Hefeteig in einer großen Schüssel Mehl und Zucker mischen. Die Hefe in die Mitte bröseln und das Salz am Rand verteilen. 300 ml lauwarmes Wasser dazugießen und alles zu einem glatten Teig verkneten. Den Teig zugedeckt an einem warmen Ort ca. 40 Min. gehen lassen.

2 Den Teig auf der mit Mehl bestäubten Arbeitsfläche zu einer Rolle formen und in zwölf Stücke schneiden. Die Teiglinge zu Kugeln formen und abgedeckt an einem warmen Ort weitere 30 Min. gehen lassen.

3 Inzwischen die Mulden der Muffinform mit Butter einfetten. Den Backofen auf 220° vorheizen.

4 In einem kleinen Topf 1 l Wasser, Salz und Natron aufkochen. Die Temperatur klein stellen. Die Teigkugeln einzeln (oder soviel wie hineinpassen) in den Topf geben und 30 Sek. ziehen lassen, dabei zwischendurch wenden.

5 Die Kugeln mit dem Schaumlöffel herausnehmen, etwas abtropfen lassen und in die Mulden der Muffinform legen.

6 Die Teigkugeln an der Oberfläche mit einem scharfen Messer kreuzförmig einritzen und mit Salz bestreuen. Die Brötchen im Ofen (Mitte) in ca. 15 Min. braun backen.

7 Die Laugenbrötchen kurz in der Form ruhen lassen, herausheben und auf einem Kuchengitter abkühlen lassen.

ÜBER-NACHT-BRÖTCHEN

mit DINKEL

Für 9 Brötchen
Zubereitungszeit: 20 Min.
Ruhen: 3 h + über Nacht
Backen: 25 Min.

FÜR DEN HEFETEIG

10 g frische Hefe (¼ Würfel)
500 g Dinkelmehl (Type 630; + etwas mehr zum Arbeiten)
1 ½ TL Salz

AUSSERDEM

9er-Brötchenform (ersatzweise 9-er Muffinform)
ofenfeste Form

1 Für den Hefeteig die Hefe und 365 ml lauwarmes Wasser in einer großen Schüssel mischen. Mehl und Salz dazugeben und alles zu einem klebrigen Teig verkneten.

2 Den Teig zugedeckt an einem warmen Ort 2–3 Std. gehen lassen. Dann über Nacht in den Kühlschrank stellen.

3 Den Backofen auf 230° vorheizen und eine ofenfeste Form auf den Boden stellen. Die Mulden der Brötchenform mit Mehl bestäuben.

4 Den Teig auf der mit Mehl bestäubten Arbeitsfläche zu einer Rolle formen und in neun Stücke schneiden. Die Teiglinge leicht flach drücken und die Seiten zur Mitte hin einschlagen.

5 Die Teiglinge umgedreht, also mit der glatten Seite nach oben, in die Mulden der Brötchenform legen. Die Oberfläche mit einem scharfen Messer kreuzförmig einschneiden.

6 Die Brötchen in den Ofen (Mitte) geben und in die Form am Boden 250 ml Wasser gießen. Den Ofen sofort schließen, damit der Dampf nicht entweicht. Die Brötchen in 20–25 Min. goldbraun backen. Herausnehmen und auf einem Kuchengitter auskühlen lassen.

Hier geht's zur Video-Anleitung!

Fatmanurs Tipp

Für einen rustikalen Touch kann man die Brötchen vor dem Einschneiden mit etwas Mehl bestreuen.

KNOBLAUCHBROT

mit KRÄUTERN

Für 10 Stück
Zubereitungszeit: 20 Min.
Ruhezeit: 1 Std. + 15 Min.
Backen: 25 Min.

FÜR DEN HEFETEIG

2 EL Zucker
1 TL Trockenhefe
2 TL Salz 1 EL Olivenöl
400 g Mehl (+ etwas mehr zum Arbeiten)

FÜR DAS KNOBLAUCHÖL

½ Bund Schnittlauch (ersatzweise 3 Stängel Petersilie)
3 Knoblauchzehen
50 ml Olivenöl
15 g geriebener Grana Padano (ersatzweise Parmesan)
1 TL Paprikapulver (edelsüß)
Salz

AUSSERDEM

Springform (26 cm Ø)
Öl für die Form

Hier geht's zur Video-Anleitung!

1 Für den Hefeteig 250 ml lauwarmes Wasser mit Zucker und Trockenhefe in einer großen Schüssel verrühren. Die restlichen Zutaten dazugeben und alles zu einem glatten Teig verkneten. Den Teig zugedeckt an einem warmen Ort ca. 1 Std. gehen lassen.

2 Für das Knoblauchöl den Schnittlauch waschen, trocken schütteln und fein schneiden. Den Knoblauch schälen und durch die Knoblauchpresse drücken. Schnittlauch, Knoblauch, Olivenöl, Käse und Paprikapulver verrühren. Das Knoblauchöl mit Salz abschmecken.

3 Die Springform mit Öl einfetten. Den Teig auf der mit Mehl bestäubten Arbeitsfläche zu einer Rolle formen und in zehn Stücke schneiden. Die Teiglinge rund formen, in die Springform legen und zugedeckt an einem warmen Ort ca. 15 Min. gehen lassen.

4 Den Backofen auf 190° vorheizen. Die Teiglinge mit dem Knoblauchöl bestreichen und im Ofen (Mitte) in ca. 25 Min. goldbraun backen. Das Knoblauchbrot aus der Form lösen und auf einem Kuchengitter auskühlen lassen.

Fatmanurs Tipp

Für ein Überraschungsbrot kann man die Teiglinge beim Formen jeweils mit einem Würfel Käse füllen, etwa mit Mozzarella oder Feta.

PIZZABÄLLCHEN

mit JOGHURTDIP

Für 24 Stück
Zubereitungszeit: 40 Min.
Ruhen: 1 Std. 30 Min.
Backen: 25 Min.

FÜR DEN HEFETEIG

500 g Mehl (Typ 00; + etwas mehr zum Arbeiten)
20 g frische Hefe (½ Würfel)
4 EL Olivenöl
1 TL Salz

FÜR DIE FÜLLUNG

250 g Mini-Mozarella
150 g passierte Tomaten
½ TL getrockneter Oregano
1 TL Knoblauchpulver
Salz, Pfeffer

FÜR DEN DIP

6 Blätter Basilikum
125 g Joghurt
100 g Schmand
1 EL Zitronensaft
Salz, Pfeffer

AUSSERDEM

4 EL Olivenöl
1 TL Paprikapulver (edelsüß)
50 g geriebener Parmesan (nach Belieben)
2 Souffléförmchen (à 9 cm Ø)

1 Für den Hefeteig das Mehl in eine Schüssel geben und in der Mitte eine Mulde formen. Die zerbröselte Hefe und 300 ml lauwarmes Wasser darin leicht verrühren. Olivenöl und Salz hinzufügen und alles zu einem glatten Teig verkneten (das dauert mind. 5 Min.). Den Teig zugedeckt an einem warmen Ort 1–1½ Std. gehen lassen.

2 Inzwischen für die Füllung die Mozzarellakugeln abtropfen lassen. Die passierten Tomaten mit Oregano, Knoblauchpulver, Salz und Pfeffer würzen.

3 Für den Dip das Basilikum waschen und trocken schütteln, die Blätter abzupfen und fein hacken. Basilikum und die restlichen Zutaten in einem Souffléförmchen verrühren. Den Dip kühl stellen.

4 Den Teig auf der mit Mehl bestäubten Arbeitsfläche durchkneten, zu einer Rolle formen und in 24 Stücke schneiden. Die Teiglinge zu Kugeln formen und leicht flach drücken (ca. 7 cm Ø).

5 In die Mitte jedes Teigstücks einen Löffel Tomatensauce und 1 Mozzarellakugel geben (nicht zuviel Sauce daraufgeben, damit die Füllung beim Verschließen nicht herausquillt). Die Teigränder über der Mitte zusammendrücken, damit der Belag ganz umhüllt ist.

6 Ein Backblech mit Backpapier belegen. In der Mitte des Blechs ein Souffléförmchen stellen und die Teigbällchen in zwei Kreisen darum herum anordnen.

7 Das Olivenöl mit Paprikapulver verrühren und die Bällchen damit bestreichen. Den Backofen auf 180° vorheizen.

8 Die Pizzabällchen in 20–25 Min. goldbraun backen, dabei nach Belieben ein paar Minuten vor Ende der Backzeit den Parmesan daraufstreuen.

9 Das Blech herausnehmen, die Schüssel entfernen und die Schüssel mit dem Dip in die Mitte stellen. Die Pizzabällchen warm oder kalt servieren.

Hier geht's zur Video-Anleitung!

PIDE

mit HACKFLEISCH *und* SUCUK-KÄSE

Für 12 Stück
Zubereitungszeit: 45 Min.
Ruhen: 1 Std.
Backen: 36 Min.

FÜR DEN HEFETEIG

20 g frische Hefe (½ Würfel)
580 g Mehl (+ etwas mehr zum Arbeiten)
1 EL Salz
½ EL Zucker
325 ml Milch
50 ml Sonnenblumenöl

FÜR DIE HACKFLEISCH-FÜLLUNG

1 Zwiebel
1 Knoblauchzehe
6 Stängel Petersilie
250 g Hackfleisch
1 EL Tomatenmark
1 EL Paprikamark
Chillipulver
Salz, Pfeffer

FÜR DIE SUCUK-KÄSE-FÜLLUNG

300 g Käse (Kasar)
250 g Sucuk (türk. Knoblauchwurst)

AUSSERDEM

1 Ei (M) zum Bestreichen

1 Für den Hefeteig die Hefe mit 50 ml lauwarmem Wasser verrühren. Mehl, Salz und Zucker in einer Schüssel mischen. Die Milch lauwarm erhitzen, mit Öl und Hefewasser dazugeben und alles zu einem glatten Teig verkneten. Den Teig zugedeckt an einem warmen Ort ca. 1 Std. gehen lassen.

2 Inzwischen für die Hackfleischfüllung die Zwiebel und den Knoblauch schälen und fein schneiden. Die Petersilie waschen und trocken schütteln, die Blätter abzupfen und fein hacken. Das Hackfleisch mit Zwiebel, Knoblauch, Petersilie, Tomaten- und Paprikamark sowie den Gewürzen verkneten und in den Kühlschrank stellen.

3 Für die Sucuk-Käse-Füllung den Käse fein reiben. Die Sucuk häuten und in Scheiben schneiden.

4 Den Hefeteig auf der mit Mehl bestäubten Arbeitsfläche durchkneten, zu einer Rolle formen und in zwölf Stücke schneiden. Die Teigstücke zu Kugeln formen und mit einem Küchentuch abdecken.

5 Den Backofen auf 200° vorheizen. Zwei Backbleche mit Backpapier belegen. Die Kugeln nacheinander zu jeweils ca. 20 cm langen ovalen Fladen ausrollen.

6 Die Hackfleischmischung mittig auf sechs Teigfladen verteilen. Die Längsseiten zur Mitte hin einklappen und an den Spitzen zusammendrücken, sodass ca. 3 cm hohe Ränder entstehen. Vier Pide auf ein Backblech legen, die restlichen zwei auf das zweite Blech. Das Ei verquirlen und die Teigränder damit bestreichen. Das erste Blech Pide im Ofen (Mitte) in ca. 12 Min. goldbraun backen.

7 Die restlichen sechs Teigfladen mittig mit Käse bestreuen und mit ein paar Scheiben Sucuk belegen. Die Sucuk-Käse-Pide wie die Hackfleisch-Pide fertigstellen. Zwei Sucuk-Käse-Pide zu den übrigen beiden Hackfleisch-Pide auf das Blech geben, die restlichen vier Käse-Pide auf ein weiteres Backblech legen. Die Pide nacheinander im Ofen goldbraun backen. Sie schmecken frisch aus dem Ofen oder lauwarm am besten.

Hier geht's zur Video-Anleitung!

BÖREK

mit SPINAT UND FETA

Für 12 Stücke
Zubereitungszeit:
1 Std. 30 Min.
Backen: 30 Min.

FÜR DEN TEIG

650 g Mehl (+ etwas mehr zum Arbeiten)
1 Ei (M)
60 ml Sonnenblumenöl
1 TL Salz

FÜR DIE FÜLLUNG

500 g frischen Spinat
1 Zwiebel
4 EL Olivenöl
550 g Feta (Schafskäse)
Salz, Pfeffer

AUSSERDEM

200 g Butter

1 Für den Teig alle Zutaten mit 320 ml Wasser in einer Schüssel zu einem weichen Teig verkneten. Den Teig zugedeckt 20 Min. ruhen lassen.

2 Inzwischen für die Füllung den Spinat putzen, waschen und in einem Sieb abtropfen lassen. Die Zwiebel schälen und in Würfel schneiden. Olivenöl in einem Topf erhitzen und die Zwiebel darin andünsten. Den Spinat dazugeben und unter gelegentlichem Rühren zusammenfallen lassen.

3 Den Topf vom Herd nehmen und den Spinat ca. 10 Min. abkühlen lassen. Den Feta zerbröckeln, unter den Spinat mischen und mit Salz und Pfeffer würzen.

4 Den Teig auf der mit Mehl bestäubten Arbeitsfläche durchkneten, zu einer Rolle formen und in 16 Stücke schneiden. Vier Teigstücke jeweils zu einem Kreis in Größe eines Kuchentellers ausrollen.

5 Die Butter in einem Topf schmelzen lassen. Einen Kreis mit Butter bestreichen, den zweiten darauflegen, ebenfalls mit Butter bestreichen, den dritten darauflegen, mit Butter bestreichen und mit dem vierten Kreis bedecken. Den Stapel auf der mit Mehl bestäubten Arbeitsfläche so dünn wie möglich ausrollen.

6 Den Teig halbieren, mit Butter bestreichen und längs der Schnittstellen jeweils Spinat-Feta-Füllung verteilen. Die beiden Teige von der Füllungsseite her aufrollen.

7 Den Backofen auf 200° vorheizen. Ein Backblech mit Backpapier belegen. Eine Teigrolle in der Mitte des Blechs zu einer Schnecke formen, die andere daran anlegen.

8 Die übrigen Teigstücke ebenso verarbeiten und schneckenförmig an die anderen Teigrollen anlegen. Das Börek mit der restlichen Butter bestreichen und im Ofen (Mitte) in ca. 30 Min. goldbraun backen.

9 Das Börek vor dem Servieren in Kuchenstücke schneiden und warm oder kalt genießen.

Ein Blick in MEINE WELTEN

Meine Tochter ist sehr neugierig und hilft gerne mit. Obwohl das öfter mal Chaos in der Küche verursacht, liebe ich es, mit ihr zu backen.

Neben Backen mag ich DIY-Aktivitäten aller Art, z. B. Töpfern. Den Blumentopf mit dem stilisierten Gesicht und die Obstschale in Form von zwei geöffneten Händen habe ich selbst gemacht.

Meine kleine Familie ist mir das Wichtigste. Ich bin sehr dankbar, sie an meiner Seite zu haben. Mein Mann unterstützt und ermutigt mich, wo immer er kann. Und meine Tochter ist mir eine tägliche Inspirations- und Kraftquelle.

REGISTER

APPETIT AUF MEHR?

ISBN 978-3-8338-8472-6

ISBN 978-3-8338-8605-8

ISBN 978-3-8338-8171-8

ISBN 978-3-8338-6621-0

ISBN 978-3-8338-6762-0

ISBN 978-3-8338-8339-2

Alle hier vorgestellten Bücher sind auch als eBook erhältlich.

G|U

Mehr von GU auf **www.gu.de** und **facebook.com/gu.verlag**

IMPRESSUM

LIEBE LESERINNEN UND LESER,

wir wollen Ihnen mit diesem Buch Informationen und Anregungen geben, um Ihnen das Leben zu erleichtern oder Sie zu inspirieren, Neues auszuprobieren. Wir achten bei der Erstellung unserer Bücher auf Aktualität und stellen höchste Ansprüche an Inhalt und Gestaltung. Alle Anleitungen und Rezepte werden von unseren Autoren, jeweils Experten auf ihren Gebieten, gewissenhaft erstellt und von unseren Redakteur*innen mit größter Sorgfalt ausgewählt und geprüft.

Haben wir Ihre Erwartungen erfüllt? Sind Sie mit diesem Buch und seinen Inhalten zufrieden? Wir freuen uns auf Ihre Rückmeldung. Und wir freuen uns, wenn Sie diesen Titel weiterempfehlen, in Ihrem Freundeskreis oder bei Ihrem Online-Kauf.

Sollten wir Ihre Erwartungen so gar nicht erfüllt haben, tauschen wir Ihnen Ihr Buch jederzeit gegen ein gleichwertiges zum gleichen oder ähnlichen Thema um.

KONTAKT ZUM LESERSERVICE

GRÄFE UND UNZER VERLAG
Grillparzerstraße 12
81675 München
www.gu.de

Ein Unternehmen der
GANSKE VERLAGSGRUPPE

GU ist eine eingetragene Marke der GRÄFE UND UNZER VERLAG GmbH, www.gu.de

ISBN 978-3-8338-8922-6
1. Auflage 2023

Die GU-Homepage finden Sie unter www.gu.de

Projektleitung: Linh Nguyen
Lektorat: Gertrud Köhn
Korrektorat: Waltraud Schmidt
Innenlayoutgestaltung: independent Medien-Design, München, ki36 Editorial Design, Sabine Krohberger, München
Umschlaggestaltung: ki36 Editorial Design, Sabine Krohberger, München
Herstellung: Petra Roth
Satz: Gertrud Köhn
Reproduktion: Medienprinzen GmbH, München
Druck und Bindung: Firmengruppe APPL, aprinta druck, Wemding

Umwelthinweis

Nachhaltigkeit ist uns sehr wichtig. Der Rohstoff Papier ist in der Buchproduktion hierfür von entscheidender Bedeutung. Daher ist dieses Buch auf PEFC-zertifiziertem Papier gedruckt. PEFC garantiert, dass ökologische, soziale und ökonomische Aspekte in der Verarbeitungskette unabhängig überwacht werden und lückenlos nachvollziehbar sind.

Bildnachweis

Cover und Peoplefotos: Jennifer Braun
alle anderen Fotos: Julia Hoersch (Foodstyling: Anne Haupt, Requisite: Meike Graf)
Syndication: www.seasons.agency

Backofenhinweis

Unsere Temperaturangaben, wenn sie nicht anders angegeben sind, beziehen sich auf das Backen im Elektroherd mit Ober- und Unterhitze. Die Backzeiten können je nach Herd variieren. Details entnehmen Sie bitte der Bedienungsanleitung Ihres Backofens.